台中巷弄日和

Taichung

IG注目店家、老眷村、獨立書店，
走踏滿載夢想的文創之城

拔林編輯工作室／著

台中，聚集各種奇妙的 Wonderland

台中位居台灣西部地理位置的中央，是南來北往的必經之地，也成為彰化、南投、苗栗等中部縣市的重要樞紐。因為這樣一個特色，使台中這座城市深具移民性格，在許多層面都可見文化融匯的痕跡，久而久之也鍛鍊出這座城市的極大包容性。又因為五都之中，台中屬於最晚近發展的年輕城市，而這年輕不光指歷史定義，而是整座城市所表現的活力感，以及對新鮮事物無止盡好奇，使這裡擁有高度可塑與可能性。

早年，台中是一座「農村以上、都市未滿」的城市，這裡經歷了一波又一波的移居潮淘洗，瘋狂吸收各種新的知識，也瘋狂模仿各種文化。像是泡沫紅茶文化盛行、餐飲集團大張旗鼓投入主題餐廳，以及接下來的七期重劃區發展等，成長時期的台中像是精力旺盛的青少年，對於趕趴趕潮流一事樂此不疲。來到台中的每一個世代都重寫了這座城市的性格，而今，這座城市終於也懂得沉澱，開始學習慢下腳步，累積屬於自己的生活風格。從國立公共資訊圖書館的設立，到草悟道的重塑、台中歌劇院的建成，以及越來越多私人美術館的成立（如毓繡美術館、亞洲大學美術館等），建築包含空間與展覽的內外兼具，演示了台中邁向大都市的企圖。

當越來越多青年選擇在此創業，風格小店的生成越來越多、密度也越來越高，民間企業與個人商業力量逐漸發揮影響，成為改變城市的一股力量。失去光環很久的老城區，因為創業青年投入老屋活化，讓人們重新面向歷史，深入理解這座城市，以過去的輝煌為傲。在新城區，商業空間不光只是為了賺錢，更多經營者投入美學經營，用策展、用藝文、用空間表述理想，讓消費不再那麼死板無聊，讓一頓飯也可以成為日常的學習。為了容納快速膨脹的創意，過去鐵皮圍籬遮擋的閒置宿舍群，像是審計新村、光復新村、綠光計劃等，也被修繕再利用成為文創聚落。不斷蛻變的台中，就像童話故事裡的Wonderland，聚集了各種奇妙事物，越來越多元，越來越豐富，也將越來越精彩。

店家類型ICON說明

- ：吃好食，吃貨大讚「美味得耍耍的」！
- ：買好物，購物狂失心瘋有理由！
- ：喝好飲，玩家解渴也要有態度！
- ：品甜點，Instagram girls迸發少女心！
- ：玩設計，餵養文藝青年靈魂深處的餓！

contents

▼ Special Project!

前言／台中，聚集各種奇妙的**Wonderland**…002
台中區城地圖…036

Special Project!・文創聚落大連線

光復社區／啟動摘星計劃，老眷村有了新靈魂…010
許愿…012・眷春水果冰…013・散水さんすい…014
spazz society 両光協會…016・本日製作社…017

審計新村／空中走廊串聯老屋，啟動青年背包客計畫…018
三時福利社…020・覓靜拾光審計二店…021
森林燦燦…022・森林島嶼…023

綠光計畫／台水宿舍大變身，打造青創夢工廠…024
富雨洋傘…026・**URARA** 閣樓上的鹹點店…027
印花樂…028

模範社區／大和村風華再現，讓文創走進市井…030
女子事務所…032・**Marais** 瑪黑家居選物（台中大和老屋限定店）…034
小戶人家…035

西區・創意發射！向青春致敬的遊園地

向上市場周邊／Belleville 264 Studio×做作米食寓…040

家‧溫度湯專賣店…042‧細粒籽油工房…044‧豊好…046

草悟道&勤美綠園道周邊／美軍豆乳冰…048

Cut&paste select shop 減貼選物…050‧散步舖傢俱事務所…052

允泉茶庵…054‧Washida HOME STORE…056

田楽（公正小巷店）…058‧三星丸號…060‧來福好事…062

詩人酒窖 Le Cellier des Poètes…064

Apartment Daily Goods & Art Ware…066

精誠巷弄／MOT明日聚落…068‧覓靜拾光鋼筆咖啡廳…070‧胡同咖啡×內巷咖啡…072‧Match Neverland 默契咖啡…074

西區・質感醞釀！設計創業者的小屋拜訪

華美街周邊／Howdy 好，的…084‧喃喃 nanan…086‧FiTLaB設計商行…088

土庫里周邊／土庫拾趣…090‧青鳥屋…092

TU PANG 地坊餐廳…094‧Bakki Handmade…096‧KYOYA…098

小路映画…100‧春丸餐包…102‧生活商社…104

鹿窯菇事所 Goodthing…106‧CameZa+…108‧Bonbonmisha 法國雜貨…110

美術園道周邊／忠信市場…112‧上下游基地…114

MITAKA s-3e Café（小3e咖啡）…116

▲西區

中區&南區&東區・舊城復興！老建築再生的新感受

中區・台灣大道周邊／陳彫刻處／**COMMA**…126・黝脈咖啡…128・幸發亭…130

中區・中山路周邊／生活起物／**trace**…132・**Fukurou living** 由鼎生活…134

Chichic 七柒…136・台中市第四信用合作社…138

盛橋刈包&川子麵線…140・宮原眼科…144

東區・台中火車站周邊／**20**號倉庫…152

南區・文化創意園區周邊／台中文化創意產業園區…154

山時作 **SenseProject**…156

南區・高等法院周邊／**Reborn Antique** 古董雜貨鋪…158

南區・中興大學周邊／食いしん坊…160

南屯區&西屯區・來趕時髦！不可思議的都會迷走中

南屯區・大慶車站周邊／十三咖啡工作室…172

南屯區・鎮平國小周邊／十俱…174

南屯區・大墩路周邊／**Tai J**…176・實心裡生活什物店…178

JIA PLUS…180・木庵食事處…182

南屯區・向上路周邊／波屋BORU BORU…184・IUSE生活研選・日用之美…186
南屯區・黎明新村周邊／下町咖啡屋…188・古研號gu-Yen house…190
小麥菓子Komugi…192・穀雨好學…194
西屯區・國家歌劇院周邊／台中國家歌劇院…196・好好（西屯店）…198・Ivette Café…200
西屯區・至善路周邊／Recycleleathercraft…202

北區&北屯・自然活力！從城市到自然的慢速引渡

北區・台中放送局周邊／INO ICE…210・三時茶房…211
台中放送局…212・自由人藝術公寓…214
北區・自然科學博物館周邊／樹合苑…216・HAUSINC CAFE…218
茶米店Charming Choice…220
北屯區・后庄路周邊／弎六…222
北屯區・山西路周邊／Buka這一隻熊…224
北屯區・大坑圓環周邊／三時冰菓店…226
北屯區・新桃花源橋周邊／柴窯火腿製造所…228

特別企畫

◎獨立書店進擊！…076
◎激推甜點麵包聖典…118
◎穿越時空的老建築巡禮…146
◎超摩登建築之旅…162
◎來上一堂手作課！…204
◎設計飯店風格入住…230

Special Project!

文創聚落
大連線

受到其他城市的影響，台中近幾年投入文創聚落開發的態度十分積極，不管是由民間組織所營運的綠光計劃、模範社區，或是由政府單位投入活化的摘星山莊、光復新村、審計新村等，文創聚落遍地開花，已成為台中城市發展的新浪。

當歷史建築或是公家宿舍群紛紛獲得活化，閒置空間招攬創業青年進駐，使得老聚落成了圓夢的大舞台。走逛在昔日稱為「花園城市」的村落內，井然有序的巷弄可見設計思維，而綠意盎然的林蔭則塑造出悠然的生活氣息，穿梭在一個一個的小單位裡，與空間經營者近身接觸，那充滿人情味的互動，讓人彷彿拜訪了久違的朋友家。

光復社區

啟動摘星計劃，老眷村有了新靈魂

喜愛老眷村魅力的你，來到台中千萬別錯過霧峰的光復新村。井然有序的紅磚平房分別座落在霧峰和平路、民權路與民族路上，路樹成蔭，予人靜謐、典雅且自成一格的氛圍。

這裡曾是早期台灣省政府依據英國「花園城市」概念打造的新市鎮，全盛時期有公園綠地、學校、市場，甚至全台灣最先進的下水道系統等等，社區的生活機能十分完善。儘管建物歷經歲月的斑駁及九二一重災影響而毀損，住戶們也早已搬離此處，村落顯得荒涼沒落，仍不難看出一九五〇年代聚落的風貌。

自台中市政府推動青年創業的摘星計畫之後，老房得以重新修復也吸引了店家進駐，包括獨立書店、咖啡館、雜貨店與藝文空間等，昔日的眷屬宿舍在引入多元的文創活力後，搖身一變成了今日青年的夢想起點，彷彿喚醒了老建築的靈魂，也完成了另類的「世代交替」。

鄰近站名：光復新村／坑口（921地震園區）站
地址：台中市霧峰區和平路、民權路、民族路

許愿

為土地許下美好的願景

空氣中飄散剛出爐的麵包香氣，是散步於光復新村的意外驚喜。循著氣味來到許愿，會發現這是一間用心經營在地農業的小店。

光復新村的創辦人是有著醫護專業背景的竣為和媛婷，他們在一次市集活動裡偶然接觸到農業，進而希望可以繼續投入支持，因此在摘星計劃釋出時，立即提案申請了這個空間。許愿，顧名思義是「為土地許下願望」，小店運用各地小農的當季作物做成新鮮又營養的麵包及餐點，例如選用台灣穀物做成的紅藜紫米吐司、紅豆乳酪歐式麵包，以及使用有心肉舖子的肉品、彰化的好米和好蛋做成的家常定食，用心手作的料理，每一口都可吃到土地的味道。

在現今充斥色素香料等化學加工品的時代，許愿立志成為農友與消費者中間的橋樑，串連起台灣各地農產最天然實在的美味！

1. 大樹下的麵包店，給人浪漫的想像。
2. 現點現做的餐點，很有家常味。
3. 小舖致力推廣在地藝文與農業。

‖ 許愿
鄰近站名：光復新村／坑口（921 地震園區）站
地址：台中市霧峰區民族路 2 號
電話：0937-262-448
時間：10:30 ～ 18:30

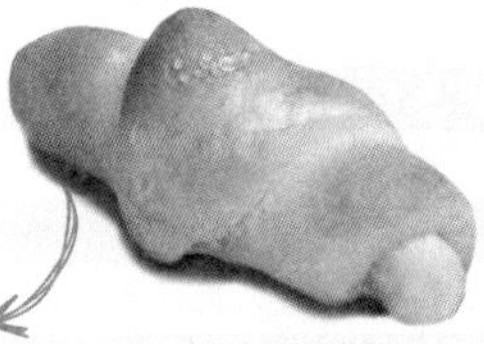

每日新鮮出爐，來店必買。

眷春水果冰

Gelato與台式刨冰的甜蜜聯手

義式冰淇淋結合刨冰新吃法。

眷春水果冰位在光復新村內、民族路上一棟老式洋房的二樓。這棟洋房有著特殊的對稱外梯，紅色扶手欄杆的可愛造型，總是吸引不少年輕人來拍照打卡。老洋房的規模不小，共被劃分數個單位，由不同店家認領，而眷春水果冰即是其一。

走進用心佈置的空間裡，以木箱堆疊而成的吧台，加上木頭桌椅擺設，營造出充滿朝氣的鄉村風格，繽紛又充滿童趣的手繪黑板上，則介紹著天然手作的冰品與甜點。眷春水果冰的經營者是一對年輕夫妻，丈夫曾在台中知名義式冰淇淋任職，對於台灣水果的研究十分熱衷，因此希望能中西合璧，為傳統刨冰增添旬味。來店必嚐的招牌「節氣水果剉冰」，選用天然手作的冰淇淋，佐搭當令水果熬煮的糖漬水果片，甜蜜中帶有微酸，配上沁涼清爽的冰，滋味相當多層次。

2 1
4 3

1. 愜意怡人的舒服角落。
2. 空間改造有環保精神。
3. 回收木箱堆疊成的吧檯很特別。
4. 店外觀充滿住家感。

‖ 眷春水果冰

鄰近站名：光復新村／坑口（921 地震園區）站

地址：台中市霧峰區民族路 8 號 2 樓

電話：0928-001-358

時間：10:30 ～ 17:00，週一及週二休

散水さんすい

涼風般清爽的沖繩系咖啡屋

小店使用台灣藝術家創作的咖啡杯。

小小的水藍色木製窗台和一旁的腳踏車，散水さんすい咖啡屋那慵懶而帶點漫不經心的風格，總是能讓匆匆而過的人忍不住回頭。「不如來喝一杯吧。」然後就忘了原本是要忙什麼去了。

散水さんすい的主人小馬擅長建築改造，他融合新舊元素，使用回收廢鐵、大自然的枯木、老工廠鐵椅或藤編家具等，憑著自己對沖繩的印象，佈置出這樣一個無造作、渾身散發自然感的空間。散水さんすい巧妙結合老舊廢材與老房子，創造了與眾不同的風情，也富含循環利用的環保意義。

小馬將店名取名為「散水」，在日文中是澆水的意思。他認為生活就像照顧盆栽那樣，必須日日用心照料才行。因此，他專注盡心於供應一杯好咖啡，不僅用心選用豆款，在器皿也特別選用台灣青年陶藝家的作品，從各方面呈現在地創作之美。

|| 散水さんすい

鄰近站名：光復新村／坑口（921 地震園區）站

地址：台中市霧峰區和平路 4 號

電話：0975-900-959

時間：每週營業時間不固定，詳見 www.facebook.com/3sui3sui

5 | 2 1
3
6 | 4

1. 咖啡佐和風小點，相當搭配。2. 吃著沁涼刨冰，格外有海濱度假的氛圍。3. 從店外觀就可知道老闆是個古物控。4. 庭院座席也相當舒服。5. 房間改造的咖啡館，有種祕密感。6. 欣賞小馬手沖咖啡，格外使人靜心。

自助式無人黑膠小店
spazz society 両光協會

両光協會是一家非正式的無人唱片行，它就藏身在散水さんすい咖啡館的隔壁房間，與其共同使用門牌號碼。

両光協會的精神十分反叛，自述是「舊體制遺存社區裡的游擊分子」，店主致力於推廣不受類型限制的獨立音樂，並不定期舉辦各類展演活動。在開放的唱片牆上，可見有趣的黑膠選貨，即使對音樂不求甚解者，也會被那風格強烈的唱片封面設計所吸引。轉進店內的小房間，老壁龕改造而成的書報攤，則蒐集了各類型次文化出版作，也有相關藝文資訊可索取，一切皆採自助式，採取姜太公釣魚的放任經營法，著實有趣。

1. 靜謐角落適合坐下來讀本書。2. 日式櫥櫃改造的書櫃，吸引人窺看。3. 有趣的黑膠收藏，喜歡都可以買回家。

‖ spazz society 両光協會
鄰近站名：光復新村／坑口（921 地震園區）站
地址：台中市霧峰區和平路 4 號
電話：0975-900-959
時間：週三、週五至週日 14:00 ～ 19:00，不定休

本日製作社

專賣獨立刊物的微型市集

1. 老屋不時舉辦各種展覽。2. 有趣的文具部屋，琳琅滿目的小商品很吸睛。3. 書牆展示台灣各地獨立刊物。

‖ 本日製作社
鄰近站名：光復新村／坑口（921 地震園區）站
地址：台中市霧峰區和平路 6 號
電話：無
時間：週六、週日 13:00 ～ 17:00

來到本日製作社，別訝異這裡幾乎蒐集了全台的獨立雜誌，例如南方澳誌《#01 about:》、高雄的創藝誌《藍灯號誌》，甚至還有鮮為人知卻十分精緻的台灣茶推廣誌《迭野覓》，沒想到在這矮小平房裡，竟然可以遇到來自台灣各地的創意出版。

本日製作社前身為小孩市集的策動者，他們具有敏銳的市場觀察，長期關注親子、設計及旅行等議題，一直以來他們都在各地游擊工作著，這裡可說是第一個固定式的展出空間。本日製作社著重於推動獨立刊物，他們認為地方誌透過微型報導，更能呈現一地的人文特色，且不少地方誌的插畫設計相當純熟，在小眾間甚至引起收藏潮。

除了選書之外，本日製作社自身也投入出版，發行《小孩市集獨立誌》。另外，書屋也集結來自日本的生活選物，從昆蟲標本到日製糨糊的老文具，這裡不只是書屋，也不定期舉辦展演講座，更像多元交流的工作室及平台！

審計新村

空中走廊串聯老屋，啟動青年背包客計畫

入列台中「摘星計畫」之一的審計新村，與霧峰光復新村同樣都是舊眷舍活化再利用的案例，而審計新村的興建也與光復新村間接相關，是一九六九年代為了分擔霧峰光復新村與南投中興新村過度飽和的狀況，而擴建的小型宿舍群。

審計新村算來也有五十年歷史，從這裡規劃整齊的街道看來，依舊可見曾為台中都市計畫指標社區的榮光。可惜，老眷舍在一九八八年精省作業後逐漸人去樓空，直到前幾年才啟動重修工作，昔日宿舍吸引不少小店與工作室進駐，並不時舉辦市集與各種戶外活動吸引年輕族群重遊，使安靜的巷弄也漸漸有了笑聲，恢復往昔的生命力。

在審計新村園區內，頹圮老屋以鋼構進行補強，而新架構起的空中走廊，將加強磚造的洋式建築二樓動線串連起來，使人可以遊走在半空中，以另一個角度欣賞園區。而這樣做的目的還有一個，未來由二樓直接出入的空間將在「紅點文旅」的規劃下做為背包客旅店，這也是審計新村與其他文創園區最大不同之處。

鄰近站名：向上國中
地址：台中市西區民生路 368 巷周邊（中興街交叉口）

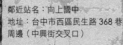

三時福利社

台式甜品榮登IG爆紅美食

3
2 1
1. 三時茶房的三店猶如學校福利社。**2.** 圍牆上仍可見老標語。**3.** 外帶小窗的風景也很迷人。

古早味「綠茶紅豆冰」華麗變身！

在青春校園正對面開張的三時福利社，是三時茶房的最新分店，小店名稱取叫「福利社」，恰如其分呼應了所在位置。

「審計新村是舊眷村，從前學校或公家單位多會設有福利社，我用這個概念來命名新店，主要是想把傳統杏仁茶推廣給下一代年輕的消費者。」三時茶房的老闆說。自然，這裡有些產品是有別於總店的，新推出的手拿杯刨冰「綠茶紅豆冰」在爽脆刨冰上淋了台灣綠茶粉調製的糖漿，以及向上市場老店捏的湯圓，加上綠茶、紅豆、杏仁豆腐等，那色彩豐富的呈現方式相當有吸引力，讓台灣甜湯也十分上相，成為近來受寵爆紅的IG美食。

‖ 三時福利社
MAP：P.083
鄰近站名：向上國中
地址：台中市西區民生路 356 號
電話：(04)2301-7301
時間：11:00～18:30，無休

鋼筆控超推坑禮品店

覓靜拾光審計二店

在台中新開幕即引起轟動的覓靜拾光，是一間極為特殊的鋼筆咖啡館，本店開在精誠商圈附近，除了可以喝咖啡，還販售各種鋼筆周邊商品，並提供貼心的試寫與諮詢服務，是鋼筆玩家熱愛的聚會點。

隨著審計新村二〇一六年底定招標，覓靜拾光也進駐其中一棟老宿舍，成為一間十分特殊的文化禮品店。雖然二店的空間雖然不比一店大，少了可以坐下來吃吃喝喝的地方，也沒有咖啡餐飲服務。不過，這裡卻是由綽號「校長」的資深鋼筆玩家來擔任店長，同樣提供超專業與仔細的諮詢服務。

二店走麻雀雖小五臟俱全路線，各種鋼筆、墨水與紙品的試寫活動一樣不少，與一店同樣超推坑，從耳熟能詳的 LAMY、Parker、PILOT 到 Kaweco 等都有，鋼筆控進來可得千萬小心，敗家無上限啊！

1. 老屋空間改造的賣場，相當有意思。2. 墨水陳列猶如精品櫃。3. 每樣商品都有店主「校長」的認真介紹小卡。4. 店門口貼上紅春聯，有種復古味。

‖ 覓靜拾光審計二店

MAP：P.083

鄰近站名：向上國中

地址：台中市西區民生路 368 巷 2 弄 6 號

電話：(04)2327-0838（聯絡請洽一店）

時間：平日 11:30 ～ 19:00、週日 14:30 ～ 19:00，週二休

森林燦燦

喚醒親近自然的善良本性

‖ 森林燦燦
MAP：P.083
鄰近站名：向上國中
地址：台中市西區民生路 358 號
電話：(04)2301-0993
時間：平日 13:00 ～ 18:00、假日 11:00 ～ 19:00，週一休

1. 森林燦燦是目覺咖啡的品牌延伸。2. 裝飾空間的畫，也是創作之一。3. 結合「工作服」概念的服裝，強調機能卻不失優雅。4. 純白空間更突顯窗外綠意。

喜愛來台中品咖啡的人，一定對於「目覺咖啡 mezamashikohi」感到不陌生，而這間森林燦燦即是由目覺咖啡所創立，是一間以日常生活為出發的選品店。

目覺咖啡的幾位經營者除了喜愛研究咖啡、糕點與料理之外，對於設計與工藝也十分有研究，在咖啡館內所呈現的視覺概念，包括杯墊、包裝、禮盒等，都不假他人之手，由店內員工親自設計。而會有森林燦燦的誕生，顯然是這群人的奔放創意，已經無法滿足於只在咖啡館裡玩了。

走進森林燦燦，在這僅有幾坪大的空間裡，包容了一家迷你咖啡屋以及選物小舖，而舖子中央的大桌子上，所呈現的植揉皮件、服飾、圍裙，或是家常醬料與果醬等，皆是選用無化學添加或符合友善環境的素材，以手工慢製而成，那精神恰如空間所展現的森林插畫，希望能夠喚醒人們喜愛親近大自然的善良本性。

森林島嶼

乘著創作夢島遊台灣

香草口味冰淇淋香氣十足。

位在民生路上的森林島嶼，由兩個單位的眷村宿舍打通而成，是審計新村區內較具規模的商家。

在這個充滿想像的名字底下，肩負著景觀觀光品牌「薰衣草森林」對土生創意的願景，他們成立了這個新的選物店品牌，希望能藉此體現台灣的生活美感。森林島嶼首開幕在台北富錦街，而審計新村則是別具意義的市區分店。走進內部空間，使用大量原木打造的展示平台，創造出猶如走進樹林裡的意象，而這裡有別於一般選物店，展區平台以主題型態來呈現設計者，讓人可以清楚閱讀不同的風格。

仔細欣賞著小店選品，發現那創作源自台灣各地，那正是森林島嶼希望透過選物帶領著人們認識台灣，展開一場「夢的島遊」。

2

3 1

1. 角落也有值得閱讀的創意。2. 每棟老屋都呈現出不同的氛圍。3. 原木佈置出台灣森林的意象。

與台灣品牌聯名創作的木藝小物。

森林島嶼
MAP：P.083
鄰近站名：向上國中
地址：台中市西區民生路 60 號
電話：(04)3702-3520
時間：11:00～19:00，週一休

綠光計畫

台水宿舍大變身，打造青創夢工廠

漫步中興路一巷裡，轉個彎卻彷彿進入不同時空，昔日老舊的十二棟台水老宿舍，常綠蔓莖攀爬屋瓦底下的庭院深深，卻已然成了風格聚落。不經意走過，小窗裡頭的工作室、咖啡館、髮廊，每一間都引人窺探。

歷經長年歲月風霜，原已被認為無藥可治的台水老宿舍，經由台中老屋整合改造團隊「范特喜微創」的提案，沒想喚回春天。再造的街區裡，昔日的舊地磚與紅磚牆仍在，但地面與屋頂相連成可上下迴游的場域，趣味的動線設計成功吸引小店進駐，而老巷弄也開始變得不同。

范特喜團隊秉著藝術、人文及創意的三大主軸，保留老屋主體，融合創新元素。在這多元整合的空間裡，有可以放鬆片刻的咖啡廳，也有專業職人的手作藝品店鋪，還能尋得安靜閱讀的書屋空間，而這裡不定期舉辦的講座市集也活絡了整個街區，成功營造使人流連忘返的園地，更是培育青年創意的夢工廠。

鄰近站名：英才／美村向上北路口
地址：台中市西區中興一巷

富雨洋傘

打開屬於台灣的美麗

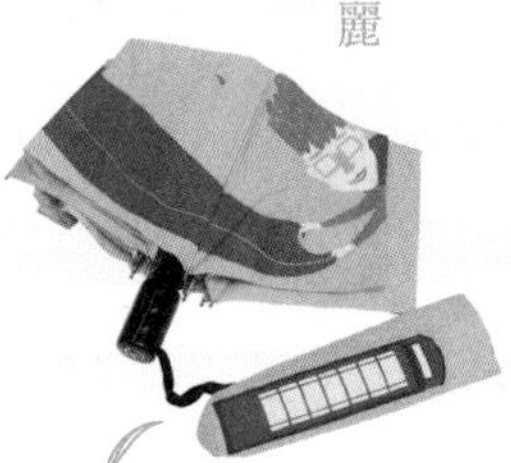

創意洋傘是來店必買。

‖ **富雨洋傘**
MAP： P.039
鄰近站名：英才／美村向上北路口
地址：台中市西區中興一巷 10 號
電話：(04)2301-3085
時間：10:00 ～ 21:00

1. 台灣製造也有繽紛一面。2. 展間介紹雨傘的生產過程。3. 走進紅磚老屋，裡頭別有風景。

台灣曾在七〇年代曾有「雨傘王國」美譽，尤其在彰化的村鎮內常可見家家戶戶在門前庭院縫製手工傘，這樣的畫面雖然隨著產業外移早已不復見，但是製傘技術仍無可取代，從前的老風景如今懸掛在中興一巷的紅磚老厝內。

來自彰化秀水的周淑秋夫婦兩人秉著製造傘骨近三十年的老經驗，二〇〇六年成立自家品牌「富雨洋傘」，堅持使用無毒傘布和堅硬骨架，積極參加世界級比賽，用心把關的品質保證果然開始聲名遠播，甚至貼心提供其他同業沒有的終身保固服務。

打開一把把傘，充滿特色的傘面設計，每一幅都像是畫作。有依據創作者心情設計的「故事傘」，融合在地之美的「阿里山傘」，更有加入創意科技的「酷扇傘」，那傘內裝置可充電式風扇，一邊撐傘一邊吹風，可有效降溫 35%，可真是涼夏神器！除了賣傘，富雨洋傘也經常在這裡舉辦活動，像是 DIY 製傘體驗課程等，老品牌積極年輕化，希望在地生根，撐起自己的一片天。

URARA 閣樓上的鹹點店

用愛手作的幸福鹹派店

檸檬塔也是老闆自慢之作。

一人大小的鹹派，分量恰好滿足。

走上綠光計畫的屋頂平台，一棟灰樸樸的小屋被繁生的多肉植物包圍，實在是太小的店招牌上寫著「URARA 閣樓上的鹹點店」，像是小小聲溫柔說話著，邀請喜愛它的客人進門。

URARA 閣樓上的鹹點店從綠光計畫開幕以來便一直在這裡經營，當周邊許多空間陸續更換經營者，卻只有這間小店屹立不搖，顯然有無法取代的美味祕密。既然以「鹹點」為名，URARA 最引以為傲的自然是鹹派，招牌口味有：野菇培根鹹派、鮪魚鹹派、雞肉鹹派等，也有甜口味的 mini 檸檬塔。由於小店製作用心，選材優質，加上餡料豐富，滋味自然不在話下。

有意思的是，這裡的鹹派不同於常見六吋大小切片分食，而是直接烤成一人分大小，讓每個客人都可享受完整屬於自己的滿足感。

‖ URARA 閣樓上的鹹點店
MAP：P.039
鄰近站名：英才／美村向上北路口
地址：台中市西區中興一巷 22 號 2F
電話： 0912-892-568
時間：13:00 ～ 19:00，週二休

1 / 3 2

1. 乾燥花佈置的空間，浪漫迷人。2. 在花花草草包圍下，讓人忘記置身城市的繁雜。3. 蓋在屋頂上的玻璃屋簡直太夢幻。

印花樂

記錄台灣風土的一疋布

專為台灣人設計的飲料提袋，買珍珠奶茶更環保了。

‖ 印花樂

MAP：P.039

鄰近站名：英才／美村向上北路口

地址：台中市西區中興一巷 16 號

電話：(04)2301-7195

時間：週一至五 12:00 ～ 20:00，週六及週日 12:00 ～ 21:00

攤開這一疋疋的彩色布料，那上頭印著的圖騰有種熟悉感，看來像是外婆家的木窗上的花玻璃，或是陽台外頭的鐵窗花，以及經常看見停在樹梢上的八哥鳥……這些與眾不同的布料創作，來自於台灣織品品牌「印花樂」。

印花樂是由沈奕妤、邱瓊玉、蔡玟卉三位女生所創立的台灣織品品牌，三位創辦人以美術背景出身，將織品設計結合擅長的版畫，展開一連串的布料創作計劃。自二〇〇八年創立以來，印花樂首先於二〇一一年進駐大稻埕老屋，成立第一間實體店面，而直到去年才終於在綠光計畫開設了分店，在中部成為直營據點。

走進位在綠光計畫一樓的店舖，琳琅滿目各式布雜貨商品，有環保飲料袋、手工布扇、餐墊與各式袋包等，皆是使用印花樂自創布料縫製而成，這些布雜貨商品不僅具有實用性，更默默傳達對這片土地的熱愛。尤其是印花樂最知名的產品，印有台灣小吃的「美味台灣系列」餐墊，那圖像不僅充滿了趣味，更記錄了台灣的風土民情，而成為致送外國朋友的最佳伴手禮。

2
3 | 1
4

1. 印花樂是綠光計劃最新進駐的品牌之一。2. 這裡只賣正宗台灣血統的布雜貨。3. 琳琅滿目的商品容易引發選擇困難症。4. 每個袋包都各有特色。

印有台灣小吃中英介紹的餐墊，深受外國旅人喜愛。

簡約風背包是輕旅行的好搭擋。

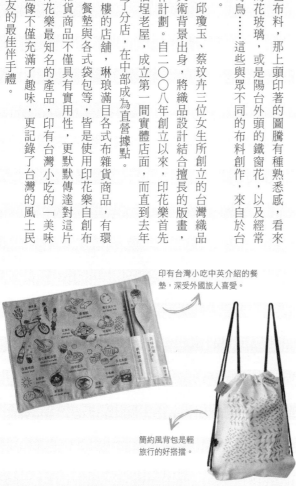

模範社區

大和村風華再現，讓文創走進市井

英才路像一條河流，分開勤美商圈與模範社區，一邊時髦熱鬧，一邊則古老安靜，兩岸風情截然不同。從模範街八巷散步到四十巷、民權路巷弄、向上路一段等，而今零星散佈的老屋進駐了咖啡館、餐廳或店舖等，形塑成新舊交融的氣氛，相當引人。

模範社區興建於昭和十二年（一九三七年），這裡曾為日治時期的大和村，大批日式家屋塑造出來的街道風情，是以往中產階級高級住宅區的象徵；儘管社區住宅多改建為國宅，但位在模範街四十巷處仍可見早期聚落。從二〇〇九年開始，這些老屋經由范特喜微創修繕與招商之後，陸續邀集販售插畫明信片的「KerKerland」、從事花禮佈置的「小戶人家」、台灣設計服飾店「女子事務所」等進駐，因而成為小小的文創聚落。

遊走在老台中人熟悉的巷弄裡，傳統老菜市場的人情味尚且溫熱，在這個與文創共生的市井裡，風格小店也感染了這樣的氣息，格外令人感覺親切。

鄰近站名：英才公益路口
地址：台中市西區模範街、民權路

女子事務所

風格女子的專屬衣櫃

這裡簡直是個性女子的造型專門店。

3 2 | 1

1. 別看這空間不大，卻集合多位設計師作品。**2.** 這個文創聚落是由大和老屋改造。**3.** 以百摺布料為發想的專利包包。

‖ 女子事務所
MAP：P.039
鄰近站名：英才公益路口
地址：台中市西區模範街 40 巷 12 號
電話：0920-346-116
時間：週一、週三至週日 13:00 ～ 20:30，週二休

Vingt six 的百摺布手工包，十分迷人優雅。

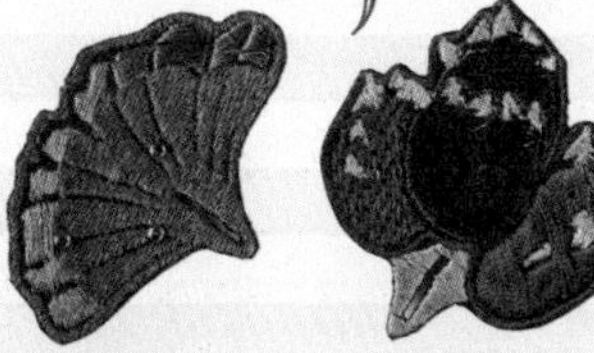

Liniooo 以植物為主題的刺繡飾品。

來到范特喜微創所改造的大和老屋群，位置在角落的這間女子事務所，雖然經營態度低調，卻是喜愛個性設計者絕不容錯過的好店。

女子事務所是由四個台灣獨立設計品牌所聯合經營的空間，這四個品牌，分別為服飾設計「Poemmm 谷」與「C+H」、袋包設計「Vingt six」、刺繡設計「Liniooo」，每一個品牌都有獨具的風格，而仔細研究當中的創作概念則更是有趣。例如，Poemmm 谷以植物為發想，把植物蜷曲交纏的形象設計在織品上，創作出可百變造型的松蘿圍巾；而 C+H 是一對來自豐原的姐妹設計師所創，剪裁獨特的黑灰白色服飾，總是能展現穿著者的酷態度。至於穿搭不可或缺的配件，則可見 Vingt six 以百摺布料創作的專利裙包，以及 Liniooo 用精緻刺繡設計的各式耳環、胸針等。

店長表示，由於創辦品牌的五個人都是女生，因此才將這個聯合展售空間取名叫做「女子事務所」，而女子事務所不僅在意義上適切適當，同時也是滿足風格女子一次搞定行頭的專屬衣櫃。

網紅品牌的超隱密實體店

Marais 瑪黑家居選物（台中大和老屋限定店）

‖ Marais 瑪黑家居選物（台中大和老屋限定店）
MAP：P.039
鄰近站名：英才公益路口
地址：台中市西區民權路 233 巷 10 號
電話：(04)2301-0681
營時：12:00 ～ 19:00，週一休

日本復古工具箱，男子漢也尖叫！

鑽進巷弄裡，你永遠不知道會發現什麼驚喜。開設在民權路巷子裡的瑪黑家居，是由一群設計師與攝影人所創立的選物品牌，瑪黑家居自網路發跡以來陸續在各地展開快閃，而最後定案的台中店舖則是選在這棟氣氛奇妙的老屋裡。

打開瑪黑家居的大門，由回收舊花窗所打造的大門，與內部充滿原木氣息的佈置、舊式木構造空間相互呼應，塑造出新舊交融的獨特氣氛。穿梭在展示平台之間，來自英國、日本、奧地利、荷蘭、波蘭等不同國度的家俬，有可愛插畫圖樣的琺瑯餐盤鍋具，造型優雅的手沖咖啡壺、復古英國電話機、工業風格的金屬工具箱……各式各樣別具特色的設計選品讓人心動不已，忍不住想要通通帶回家。

若是假日前來逛店，角落咖啡吧還提供手工現沖咖啡服務，讓人可以一邊享用香醇的咖啡，一邊盡情瀏覽商品，悠哉享受美好的採購時光。

卡哇伊的冰淇淋造型燈具。

3 1 2

1. 老屋風景迷人。2. 空間不大，卻十分耐逛。3. 各式鍋具讓廚房控為之瘋狂。

小戶人家

綁一束幸福的花禮

深受喜愛的六魯陶作這裡也有。

店主精心設計的乾燥花束。

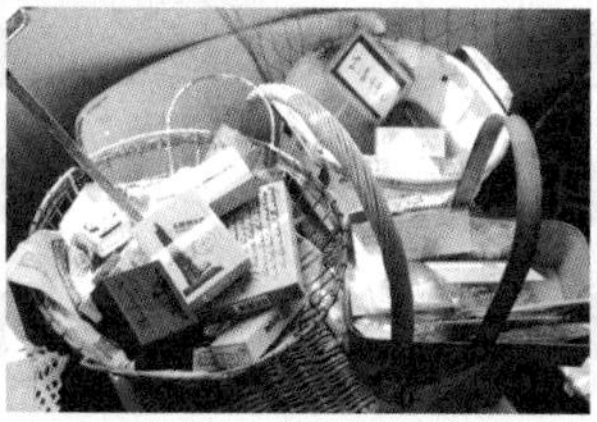

1
2 3 4

1. 店內的雜貨來自世界各國。
2. 衣飾選品也在涉獵範圍。
3. 每個陳列細節都充滿巧思。
4. 除了販售選品，小店也提供婚禮佈置服務。

‖ 小戶人家
MAP：P.039
鄰近站名：英才公益路口
地址：台中市西區模範街 40 巷 12 號
電話：(04)2301-0681
營時：平日 13:00 ～ 18:30，週五及週六 13:00 ～ 20:00

這棟座落在街區轉角的大和老屋，重新刷白的建築牆面，配上深黑屋瓦與木頭窗框，加上院裡精心照料的花草多肉，讓老建築多了股浪漫的鄉村風情。

走進名為「小戶人家」的店裡，那老式木屋天花的橫樑上懸掛著滿滿的乾燥花束，讓人彷彿走進了溫室花房，渾身被幸福感所擁抱。這個由兩位女生所經營的空間，以法式鄉村風格為基調，主要販售各式生活雜貨，而她們自日本和韓國引進的雜貨精品，包括有杯盤瓷器、時鐘擺件、花器籃物、服飾織品等，品項精緻且包羅萬象，讓人逛得十分過癮。

雜貨之外，小戶人家另外還提供婚禮諮詢服務，利用店內選品加上女主人親手綁紮的花束來佈置會場，渲染出滿滿的幸福感，就是小戶人家的經營宗旨。

台中區域地圖

Taichung District Map

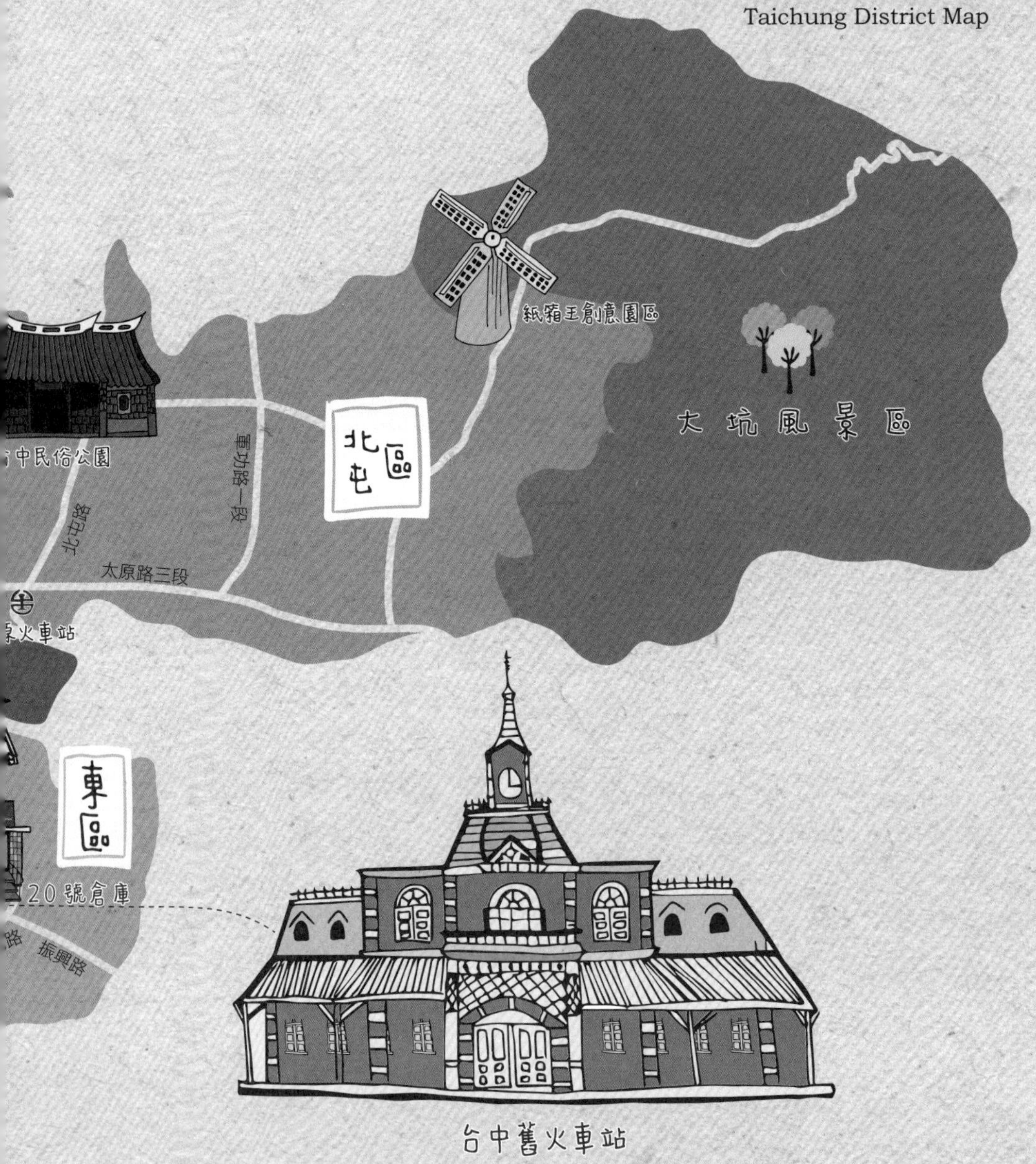

東大路一段
西屯路三段
福科路
台灣大道四段
西屯路二段
逢甲夜市
路思義教堂
安和路
台灣大道三段
凱旋路
河南路
文心路三段
工業區一路
西屯區
中清路二段
太原路一段
中清路一段
五權西路三段
臺中國家歌劇院
向上路五段
南屯區
勤美術館
台灣大道一段
梅川西路一段
文心森林公園
永春南路
永春路
國立台灣美術館
五權西路二段
五權西路一段
中區
西區
彩虹眷村
豐樂雕塑公園
忠孝夜市
環中路五段
文心南路
南平路
大慶火車站
南區

創意發射！向青春致敬的遊園地

西區（向上市場、草悟道＆勤美綠園道、精誠巷弄）

在勤美誠品的發酵作用下，草悟道沿線的商圈聚落，磁吸了各種概念新穎的風格小店，使得這裡成為台中最熱鬧、最具活力的區域，同時也是IG Girls打卡頻率最密集的地方！

在這個寬闊自在的青春遊園地裡，各種時尚新潮的事物持續發燒，甚至蔓延進入周邊的老住宅區或老市場，用飲食訴說台灣文化的榨油工房、鳳梨冰店、豆漿店等，讓新舊交融迸出許多有意思的火花。走進寧靜的精誠巷弄，昔日具有小歐洲區之稱的美軍宿舍區，老式洋房舊瓶裝新酒，成了台中人喜愛的咖啡聚落，專為筆痴設計的覓靜咖啡、精品咖啡元祖的胡同咖啡以及青年革命祕密基地的Match Neverland默契咖啡……不約而同選擇在此大會合，讓人一口氣看盡台中咖啡文化的多元面向。

❶ **Belleville 264 Studio** × 做作米食寓
❷ 家·溫度湯專賣店
❸ 細粒籽油工房
❹ 豊好
❺ 美軍豆乳冰
❻ **Cut&paste select shop** 減貼選物
❼ 散步舖傢具事務所
❽ 允泉茶庵
❾ **Washida HOME STORE**
❿ 田楽（公正小巷店）
⓫ 三星丸號
⓬ 來福好事
⓭ 詩人酒窖 **Le Cellier des Poètes**
⓮ **Apartment Daily Goods & Art Ware**
⓯ **MOT** 明日聚落
⓰ 覓靜拾光鋼筆咖啡廳
⓱ 胡同咖啡 × 內巷咖啡
⓲ **Match Neverland** 默契咖啡

博館路
台灣大道二段
健行路
西屯路一段
植物園
MOT 明日聚落
15
LE Miel 覓蜜廚房
博館路
Belle Journée 貝爵妮法式點心
國立自然科學博物館
東興路三段
14
精誠路
精誠五街
華美西街一段
廣三SOGO百貨
大隆路
忠明南路
華美街
小梗甜點咖啡
精誠七街
精誠八街
美村路一段
台灣大道二段
16
承億文旅台中鳥日子
中美街
中興街
館前路
大業路
17
13
12
英才路
18
勤美術館
精忠街
11 三星丸號
Match Neverland
默契咖啡
勤美誠品綠園道
Marais
瑪黑家居選物
公益路
中美街
公益路
東興路三段
1%Bakery
諾貝爾圖書城
台中市民廣場
模範街
大和路
大同街
1
美村路一段
中興街
2
10
模範社區
女子事務所&
小戶人家
公正路
大墩十一街
華美街
9
草悟廣場
家・溫度湯專賣店
忠明南路
3
4
8
綠光計畫
向上北路
新手書店
大忠街
Urara 閣樓上的鹹點店
富雨洋傘
草悟道
民生北路
印花樂
向上市場
向上路一段
向上路一段
豐好・鳳梨冰專賣店
弎學植務所
7
昇平街
李冊Book Site
6
CJSJ
昇平街
5

老靈魂的深夜食堂

Belleville 264 Studio × 做作米食寓

‖ Belleville 264 Studio × 做作米食寓
MAP：P.039-1
鄰近站名：公益中美街口
地址：台中市西區公正路 220 號
電話：(04)2301-1285（餐廳）、0931-636-872（古物店）
時間：供餐時間 12:00 ～ 14:00、17:00 ～ 22:00，週一休

5 4 3 6 | 2 1

1. 猜猜門邊神奇裝置是什麼？原來是老魔豆機。2. 院子是吹晚風、曬太陽的好地方。3. 照燒雞腿定食有日式家常料理的風格。4. 三樓屋頂改造成了台歐混血空間。5. 空間處處可見廢物利用的巧思。6. 各種年代老件混搭出奇幻感。

在台中算是老字號的古物店 Belleville 264 Studio，最早是在民族路開店，後來遷往五權西五街八十八巷，最後才在公正路落腳。古物店的主理人阿峰（李承峰）因為熱衷舊物的老派美感，所選擇的店面全是老屋，而空間的裝修改造自是他一手包辦。

這棟老房子的前身為美容院，最初的樣貌是被裝修夾板所包覆著，而阿峰進駐之後，將所有裝潢與隔間拆除，大膽裸露出原始牆面。那空間裡，凹凹凸凸的釘孔、不修邊幅的切面與穿越各樓層的天井，以大型手術燈、懸壁燈、檜木玻璃櫃、鐵櫃等，來自不同國家與年代的古物混雜運用，交織出迷人的獨特風格。Belleville 264 Studio 雖是一間古物店，但不同於其他古物店只專司古物買賣，阿峰同時也提供空間裝修、櫥窗佈置、復古家具訂製等服務，在台中有不少小店或餐廳的內裝陳列，都是出自於他之手。

為了讓人感受老件生活的魅力，近來古物店與「做作米食寓」合作在一樓打造了間小小的城市食堂，供應簡單而用心的家常料理。在夏季傍晚，尤其適合來這裡坐坐，在被古物包圍的院落裡，來上一分燉肉與一杯啤酒，迷人的氣氛之下，連靈魂都獲得療癒了吧。

一碗有熱度的湯

家・溫度湯專賣店

捧著一碗湯，熱度從掌心傳遞，彷彿一股暖流淌入心中。湯雖然如此重要，但也因為它的家常而被忽略，而在公正街上的家・溫度卻打破了既定觀念，以湯為料理主軸，成為台灣罕見的湯品專賣店。家・溫度的店面雖然不起眼，但其簡單樸素而溫暖的風格，吸引不少人前來一解思念之味，自開幕以來就深受歡迎，亦發展出多家連鎖店。

家・溫度是由曾經在六福皇宮服務過的大廚王國維所創立，長期在高端餐飲產業工作的他，特別喜愛簡單原味的料理，而在國外旅行期間，他發現世界各地都存在獨特的湯料理，因此蒐集許多這樣的經典食譜，並將其變化成為適宜台灣口味的溫暖料理，像是俄羅斯牛肉燉湯、蜂蜜南瓜湯、豆乳蒜苗燉湯等，搭配法式酥脆麵包、貝殼麵、地瓜飯、松子飯等，自由組搭的創意食法，無論是出身哪一國度的人，都能在其中找到自己熟悉的味道。

走進家・溫度，大夥聚集在原木大長桌旁一起享用美味的湯；此時此刻，湯就像無國界的料理語言，它所傳遞的不只是美味，更是人與人之間的互相關懷。在這一段短暫的用餐時光，萍水相逢的陌生人互相為伴，短暫成為彼此的家人，讓人感覺好像回到了家。

4 2 | 1
3

1. 原木打造的門面充滿了溫馨感。**2**. 一樓空間設計簡潔，有家常味。**3**. 開放廚房飄來陣陣香氣，十足勾人食慾。**4**. 二樓空間保留鐵皮樣貌，透露出房子的歷史。

來品嚐溫暖的湯品料理吧！

‖ 家•溫度湯專賣店
MAP：P.039-2
鄰近站名：公益中美街口
地址：台中市西區公正路 222 號
電話：(04)2301-0802
時間：11:30 ～ 21:00

細粒籽油工房

小巷裡的榨油風景

走進細粒籽油工房，空氣中淡淡飄散的芝麻油香氣，勾引起懷念的感覺。細粒籽油工房不只是一間油品專賣店，它更是一間具有風格的「現代油車間」。提起「油車間」，許多年輕人對這個名詞已相當陌生，但在阿公年代這可是每個城鎮必定都有的民生商店。在工業量產的年代，油車間的榨油風景已不復見，人們不再提著空瓶去打油，也漸漸忘記新鮮的油究竟是什麼滋味了。

細粒籽油工房是由兩個女生所創的本土品牌，創辦人之一的 Wendy 原是家庭主婦，因為負責一家大小的日常飲食，培養出挑選食材的敏銳度。數年前，在食安風暴的籠罩下，黑心油的負面消息接連不斷，讓她與朋友踏上尋油之旅。在研究過程中，她們越益發現古早年代純天然油品的難能可貴，促使她們思考在城市裡設立一油車間的可能性。

為了實現小量壓榨、新鮮販售的理想，兩人踏尋產地找食材，並研發機器設備，改良傳統製法。細粒籽油工房主張「手工冷壓製油」，所有油品純然使用原物料天然榨取，而非使用化學萃取，每一滴油都新鮮自然，沒有任何調和與添加物。取一小匙品嚐，亞麻仁油的獨特堅果香氣讓人驚艷，絲毫沒有苦澀菁味。原來，這就是新鮮的味道啊！

5 4 | 2 1
3
7 6

1. 坐下來細細品油，感受小油行裡的人情味。2. 客人購買時才現場裝，格外有新鮮感。3. 古色古香的鐵油桶，道盡了昔日油車間的故事。4. 延續舊物的生命，也是店鋪要傳達的精神。5. 小巧店鋪卻包含了一座榨油坊，十分不可思議。6. 從櫥窗窺見工坊，作業一切透明。7. 小鋪開在老透天裡，位置十分隱密。

‖ 細粒籽油工房

MAP：P.039-3
鄰近站名：公益中美街口
地址：台中市西區向上北路 278 號
電話：(04)2302-0626
時間：週一 09:00 ～ 17:00、週二至週五 09:00 ～ 19:00、週六 14:00 ～ 19:00

豐好

一碗好冰吃出台灣味

自製鳳梨乾也
是自慢之作。

用老碗吃鳳梨冰
最有台灣味。

氣泡飲夏日最消暑。

2 3 1

1. 豐好希望改變傳統甜品店的印象。2. 鮮豔的黃色與綠色，就是鳳梨的意思。3. 不甘平凡！自己的紀念小物自己做！

一幅幅功力高超的黑板畫介紹著屬於台灣夏季的沁涼冰點，而吧檯前擺上各式各樣的產品，從鳳梨果乾到店家自創發行的貼紙、袋包等，這間諧音「你好」的鳳梨冰店，顛覆了傳統印象，打從進門就讓人感覺與眾不同。

從小攤車默默經營到創立店面，楊睿璿這對年輕夫妻為了延續賣冰阿嬤的手藝，應用他們自身在觀光與設計產業的專業，不知不覺替台灣冰品小攤找出符合世代的經營模式。

「賣冰是為了延續我們的家味道。」楊睿璿說，他原本從事觀光業，會想創業賣鳳梨冰，是因為發現傳統味道漸漸在消逝。為了延續古早賣冰精神，楊睿璿夫妻親自下鄉走訪產地，使用大樹鄉的檸檬、大坑的椪柑、卓蘭的葡萄、關西的仙草等，以無色素、無果糖、無人工添加的天然手法來製作鳳梨冰與檸檬冰。

除此之外，他們也選用意想不到的本土食材，像是毛豆、鹽梅、蔴薏等，製作出具有台灣味的冰淇淋。談起小店最引以為傲的鳳梨冰，楊睿璿說：「我特別喜歡鳳梨冰，那是因為我發現全世界的華人地區，只有台灣有鳳梨冰這種食物。」店小而志氣大，豐好持續發揚黑熊般的本土精神，希冀有朝一日鳳梨冰能夠成為台灣的代表性食物。

‖ 豐好

MAP：P.039-4

鄰近站名：向上忠明南路口站、美村向上北路口站

地址：台中市西區向上北路 256 號

電話：(04)2305-0058

時間：夏季 11:00～20:00、冬季 11:00～19:00（售完為止）

美軍豆乳冰

為老食物找出新態度

3 2
4 1

1. 充滿日系風格的小舖，販售最樸實的日常飲品。2. 黑板上介紹著有趣的豆知識。3. 復古字體招牌傳達在地精神。4. 店內提供舒服座席，讓人可愜意品嘗。

超酷的胡蘿蔔口味豆漿！

招牌豆乳冰同時可吃到多種美味。

‖ 美軍豆乳冰
MAP：P.039-5
鄰近站名：向上國中
地址：台中市西區民生路 380-2 號
電話：0989-008-801
時間：週三至六 12:00 ～ 21:30、週日 12:00 ～ 18:00，週一及週二休

豆漿是天然又營養的飲品，但是口感是否滑順、用了什麼產地的黃豆，又是另一門學問。在台中舊美軍俱樂部正對面的「美軍豆乳冰」，以豆漿取代傳統糖水搭配刨冰，清爽無負擔的滋味令人驚艷，很快成為許多台中人的口袋愛店！

美軍豆乳冰的老闆白祐綱是出身設計卻志在餐飲的年輕人，他原先在墾丁度假飯店從事美術設計，以設計的觀點看待食物，希望透過日常飲食來分享台灣的美好。白祐綱與妻子余宜槿自高雄來到台中創業，最初是在平等市場創立「朋友家」，專賣日式輕食甜點冰沙；而小店租約到期之後，他更深入研究將台灣人喜愛的豆漿與甜點結合，開發出各種口味的豆乳冰，創造出年輕世代也喜愛的新食法。

秉著傳統豆漿店的職人精神，白祐綱堅持不使用消泡劑的古早煮漿方法，加上用心選擇的台灣本土無毒黃豆與黑豆，研發出豆味濃郁、不加糖也清甜的美味豆漿。以簡單樸實的豆漿為起點，白祐綱還研發了口感扎實的豆香布丁，並推出抹茶、胡蘿蔔原汁等風味豆漿。打著 100％台灣豆和無基改的招牌，美軍豆乳冰針對老食物的設計革命正悄悄席捲台中！

專屬森林系女孩的小清新

Cut&paste select shop 減貼選物

MAD et LEN香氛蠟燭是店主私推薦！

4 3
5
1
2

1. 被垂掛植物掩蓋，店面顯得低調。2. 從擺設細節可見店主嗜好收藏老件。3. 森林系風格的衣物都是店主親挑細選。4. 各式各樣的居家用品都令人心喜。5. 小店瀰漫著猶如住家般的舒服氛圍。

從綠園道走向審計新村的途中，在巷子尾不經意發現的減貼選物，屋簷下垂滿了蕨類植物猖獗的葉脈，隱隱約約從落地窗瞧見那裡頭的滿室美好，忍不住覺得「怎麼這麼會藏啊！」，這樣的好地方真應該早點發現才是。

減貼選物是由一名女生獨自打理的選品店，簡簡單單的粉光地板與白牆空間，偶有幾件老櫃、老櫥陳列商品，其餘就是一派簡單乾淨，氛圍輕軟無壓，讓人不自覺也跟著放鬆起來。減貼選物的主要商品以女性服飾為主，並延伸到帽子、包包以及生活香氛等各類商品，像是紐約頂級天然衣物保養品 THE LAUNDRESS、澳洲墨爾本護手霜 GROWN ALCHEMIST、頂級香氛 MAD et LEN 等。

在眾多商品當中，店主尤其推薦來自日本神戶的帽子品牌 mature ha，它特有的不規則帽緣可以隨興凹折，能夠隨每日裝扮塑形，是店主極力推薦的搭配聖品，也是小店親自引進的獨家商品。

談起小店有意思的命名，店主說：「我喜歡到處旅行，更愛買東買西，每當在旅行裡發現了好東西，我都想像集郵那樣，把它剪下來貼進冊子裡收起來。」而就這剪剪貼貼的過程中，不知不覺也就完成了屬於自己的獨特風格。

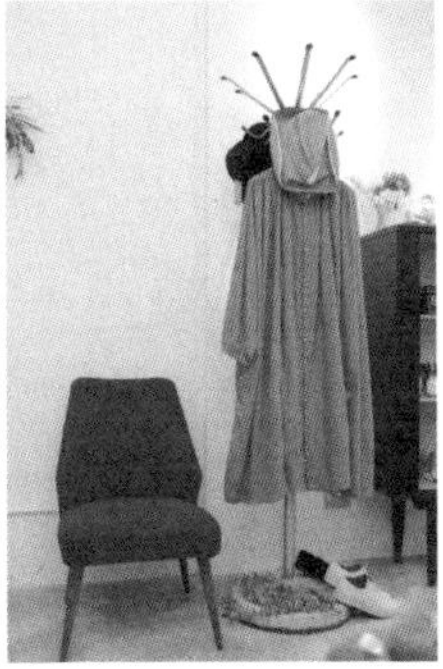

‖ Cut&paste select shop 減貼選物
MAP：P.039-6
鄰近站名：英才郵局
地址：台中市西區向上路一段 79 巷 66 弄 15 號
電話：(04)2305-5015
時間：週二至週五 13:30 ～ 19:00、週六 13:30 ～ 18:30，週日及週一休

尋找經典不敗的六〇年代
散步舖傢俱事務所

店主私心採購的食器餐具，也有獨具的設計感。

沒有預算帶走家具，那就先買個香氛吧！

3
2
1

1. 如此小巧櫥窗，可說是史上規模最迷你的家具店了吧！2. 北歐風格的家具可說是百搭無敵。3. 逛完本店別錯過對面二樓的展示間喔！

‖ 散步舖傢俱事務所
MAP：P.039-7
鄰近站名：英才郵局
地址：台中市西區向上路一段79巷66弄14號1樓（散步舖）、台中市西區向上路一段79巷66弄15號2樓（散步舖2樓店）
電話：(04)2302-0502
時間：13:00～19:30，週一休

散步舖是一間以家具為主的選物店，創辦人之一的賴汶姍最初是在廣告公司上班，工作多年下來她逐漸感到倦怠，一度曾轉業經營咖啡館，希冀能以步調悠閒的方式過生活。

移居台中之後，賴汶姍發現中南部也有許多像她一樣喜愛歐洲老家具的人，而她從代客尋件採買切入家具市場，陸陸續續又引進日本復古家具品牌カリモク60、KITONO等，漸漸成為主打六〇、七〇年代復古風格的家具選品店。

從二〇一〇年創立至今，散步舖始終守在老地方，雖然堪稱「台中規模最小的家具店」，但內容精彩程度卻絲毫不遜色。數年經營下來，散步舖的選品範疇也逐漸觸伸開來，賴汶姍租下小店對面的二樓（減貼選物的樓上）成為展示間，使カリモク60、KARIMOKU旗下品牌系列更為完整，而陸續又引進了瑞典燈具RUBN、荷蘭進口廚房和生活用品Royal VKB、日本LOLO陶燒器皿等，讓人在採買家具的同時也能一併挑選家飾，完成理想的居家風格。

草悟道 名物店
手作心意 百年傳承
太陽出來了
日が出た。

允泉茶庵

品嚐台灣糕餅的新茶道

御丹波　桃山香柚　皮蛋饅頭

距離綠光計畫不遠處，一座別具個性的黑色鐵皮建築，外露的旋轉樓梯與高高豎起的招牌，令人想不注意都難。細看之下，那兩層樓建築裡融合了許多日本原宿，像是障子門、暖簾等，與鐵件對比出相當獨特的風格。

這棟獨特的建築名叫「允泉茶庵」，是由台中老字號糕餅店陳允寶泉所經營，負責空間提案的第五代經營者，將老糕餅店的歷史文化挹注其中，並以顛覆傳統的創新產品，展現陳允寶泉的多元樣貌。在允泉茶庵的一樓、復刻昔日老糕餅舖的空間裡，除了可以買到麻糬、太陽餅、鳳梨酥等經典商品，也賣起創新西點與麵包；而二樓則精心設計了榻榻米茶屋，這裡提供來客一處可靜心品茗的環境，最適合點上一枚招牌糕點「御丹波」，佐上日本宇治丸久小山園抹茶，細細品嚐台灣糕餅的細緻滋味。

在古雅的日式風情之外，允泉茶庵還有一項十分趣味的創新服務。在庭院大樹下設置的懶人冰外帶區，只要在籃中投入現金，搖麻繩鈴請樓上店員收款，不一會兒就有冰品從二樓空降（冬天改賣包子或銀絲卷）。允泉茶庵的店長表示，這原先是體恤行動不便者的便利設計，不過卻意外大受好評，不少人來到這裡就是為了搖鈴買冰，也成了街角的特殊風景。

宇治抹茶
懶人冰
1 請在牌子寫上數量
2 搖鈴~
（將牌子及購買金額放入籃子中）
3 等候懶人冰與找零

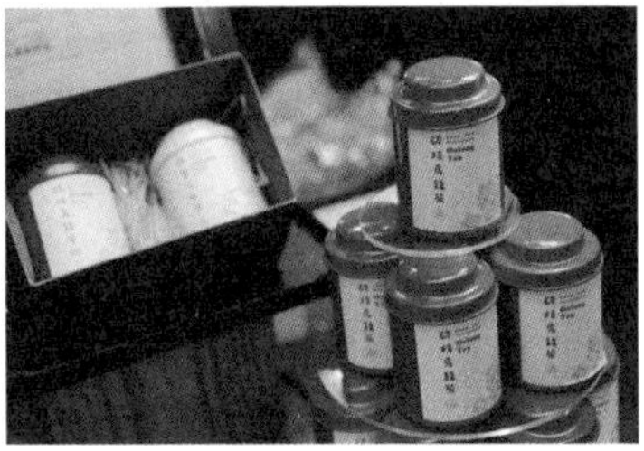

‖ 允泉茶庵
MAP：P.039-8
鄰近站名：美村向上北路口
地址：台中市西區向上北路 136 號
電話：(04)2302-7552
時間：11:30 ～ 21:00

2 1
5 3
4

1. 充滿日式氛圍的空間，讓人宛如到了日本。2. 道地抹茶粉調製飲品是來店必點。3. 各種口味的糕餅令人食指大動。4. 嚴選台灣好茶，連包裝都很用心。5. 有趣的懶人冰，投幣就有不可思議的事發生喔！

風格純熟的男子選物課

Washida HOME STORE

|| Washida HOME STORE
MAP：P.039-9
鄰近站名：英才向上北路口
地址：台中市西區中興四巷 4 號
電話：(04)2301-6981
時間：週一至週六 14:00 ～ 22:00、週日 11:00 ～ 20:00

漆成白色的圍牆，被打開的院落外，簡簡單單標示的字樣，Washida HOME STORE 透出一派日系簡約風格，在台中也算是罕見的了。Washida OME STORE 是由服飾選貨品牌 Washida 延伸設立的選物店，一樓至地下室空間包含了服裝、咖啡、選物、藝術等，有機而多元的樣態，確切反應出主理人黃冠傑所要傳達的「家」概念。

黃冠傑從事服飾貿易多年，他由買貨人變成識貨人的眼光鍛鍊中，逐漸領會每一個工藝品牌背後所蘊藏的人文底蘊，才是一切美學的基礎。為了引薦所愛，他自台南來到台中選址創店，帶來有機棉麻衣系 COSMIC WONDER、專為成熟大人設計的帽子 mature ha.、法國傳統製鞋工藝 Paraboot、重視剪裁的皮袋品牌 Building Bloc……等。最有意思的，是在這樣有限的空間裡，硬是複合了一間迷你咖啡館，而應邀為咖啡館設計商標的，還是廣為藝文界熟知的日本插畫設計師 Noritake 呢！

從時裝、鞋履、香氛、皮件乃至藝術，Washida HOME STORE 的選物範疇不囿於某種類別，凡事符合良質生活的，都有可能在此發生。在一杯咖啡的時間，遊走細探閱讀物件背後的故事，一堂選物學就這麼展開了。

6 5 4 | 1 2 3

1. 打開隱藏空間令人驚豔。2. 店中店概念的咖啡館。3. 各種精選豆款為您沖泡。4. 後方還有量身修改的服務台。5+6. 空間每個角落都是風景。

人氣插畫家 **Noritake** 的帆布袋。

從漢堡開始的小農運動

田楽（公正小巷店）

在台中已是元老級文青店的田楽，去年因為美村路店租約到期，索性將創始店遷徙到公正路128號旁的小巷子重開。而田楽不愧為田楽，重開店的空間創意再次突破以往，正當人們以為二店（公園店）、三店（學院店）已經將台中老宅玩得淋漓盡致時，田楽永遠有新梗。

穿過長長的窄巷，由室外鐵梯引導來到二樓大門，一如以往的熟悉點餐吧台在門口迎接，然而接著往內延伸：植樹的天井、磚牆上的空橋、遁入下層的樓梯，交錯上下的空間感與生動的光影表情，讓這狹長型的老屋充滿了趣味感。事實上，田楽公正小巷店刻意翻轉了入口（正確來說門牌應該是在中興六巷），要人們從後巷進入，再次探索城市角落，同時也再次發現不同的田楽。

由四個朋友所創立的田楽，最初是以「日系漢堡」打響名號，使用契作小農蔬菜的「Farm Burger」（農場漢堡），像是照燒雞腿堡、手打牛肉漢堡等，一直是深受來客喜愛的餐食。為了滿足年輕家庭族群的需求，公正小巷店進一步推出了日式經典洋食，像是宮崎南蠻唐揚飯、多蜜牛肉漢堡排飯等，無論料理如何變化，「自家製」的用心都是田楽不變的精神。

健康的果昔飲品是新店主打。

多蜜牛肉漢堡排飯是人氣招牌。

‖ 田楽（公正小巷店）
MAP：P.039-10
鄰近站名：美村公益路口
地址：台中市西區公正路128號旁小巷
電話：(04)2305-0507
時間：10:00～21:30

3 2
4
1

1. 由窄巷進出的低調入口可別錯過。2. 誰也沒想到這裡隱藏了一家小店。3. 有趣的閣樓走廊，適合情侶入座。4. 大改造過後，老屋一掃陰霾，顯得明亮。

三星丸號

運載抹茶香氣的大黑船

‖ 三星丸號
MAP：P.039-11
鄰近站名：草悟道
地址：台中市西區館前路 71 號
電話：(04)2322-0159
時間：週一 11:00 ～ 16:30、
週二至週日 11:00 ～ 21:00

限量「抹茶厚鬆餅」可遇不可求。

招牌冰品「將軍的眼淚」造型很特別。

2 | 1
3

1. 甫開店即引來排隊人潮。2. 空間角落可見大量日本元素。3. 挑高兩層樓融入「船艙」概念。

當京都抹茶味飄洋過海來台，抹茶迷都難以抵擋其魅力！創辦人劉澄毅與日本三百年歷史的「三星園」跨刀合作，在台中草悟道旁展店，運用其設計的專業背景規劃出十分有創意的船艙造型，加上主打的一系列抹茶甜品，迅速成為網紅最愛的打卡景點。

三星丸不只要讓人嚐盡宇治抹茶的美味，更結合古代茶葉海運貿易的故事作為發想，跨越古今的時代感充滿了濃濃的歷史氛圍，店內裝潢更用心設計懷舊的日本風，包括木造地板、階梯或池塘造景，抬頭還可見天花板上懸掛的燈籠和紅色油紙傘等，最特別的是直接仿造船上貨櫃箱當作座椅，加上利用「船票」代替一般號碼牌來增加互動感，讓顧客彷彿真的登上船隻，體驗劉澄毅在空間上的美學巧思。

在空間以外，三星丸的抹茶料理更是話題十足，高人氣冰品「將軍的眼淚」在竹筒裡裝盛了抹茶冰淇淋、蜜紅豆、白玉等，精彩堆疊的風味充滿了層次，而淋上抹茶醬的厚鬆餅再佐以抹茶松露和抹茶冰淇淋，清爽到濃郁的茶香味更是深深吸引抹茶控。

來福好事 LAUGH HOUSE

用笑聲對抗糟糕人生

你喜歡美國喜劇演員路易 C.K.（Louis C.K.）的辛辣幽默？凱文哈特（Kevin Darnell Hart）的神經笑料，還是喬治卡林（George Carlin）一針見血的練肖話嗎？在全世界開始流行的美式單口相聲（Stand-up comedy，又稱脫口秀）在台中也可以欣賞到了！

來福好事是由喜劇演員龍哥（黃志弘）與幾位志同道合的熱血好友（陳大師、廖主席、黃總監），所開設的台中第一間以喜劇為主題的咖啡館。因受到卡米地喜劇俱樂部影響，龍哥二〇一〇年開始投入喜劇表演，而為推廣現場喜劇演出與文化，他將來福好事一樓設計為咖啡館，二樓則提供場地租借，成為表演者與同好的聚會之地。在這裡，每個月都可欣賞純正台灣本土喜劇演員所帶來的笑料演出，像是網路爆紅的「海浪法師——壯壯」、台灣脫口秀第一天團「站立幫」、人氣企業講師的「歐耶老師」……等都曾在此表演。近來龍哥也舉辦教育課程，希望培訓台中本地喜劇演員，讓這樣的脫口秀文化能扎根壯大。身兼表演者角色，龍哥認為脫口秀最有意思的地方，在於每一齣喜劇的背後都隱含著一個悲劇，而喜劇演員就是試著把悲劇轉化為喜劇的角色。為此，來福好事希望能成為人們的解鬱之地，試著用笑聲來對抗一切，或許那糟糕的人生也就變得沒那麼壞了吧。

除了推廣脫口秀、日式漫才、即興劇……等現場喜劇，來福好事也希望能以小小的力量分享天然純粹的好食，他們精選小農用心栽種、製作的食材，透過愚公移山的精神反覆實驗、融入菜單中，不定時更有特製暗黑料理，想搶先嘗試獨特滋味的朋友記得詢問！

‖ **來福好事** LAUGH HOUSE
MAP：P039-12
鄰近站名：美村忠誠路口
地址：台中市西區忠誠街 70 號
電話：(04)2310-2562
時間：10:00 ～ 20:30，週二休

4 3 2
6 5
7 1

1. 牆上隨時有演出公告，歡迎一起來大笑紓壓！ 2. 架上藏書還有桌遊都可自由借閱取用。3. 天然無毒、與農夫直接貿易的好食材。4. 簡潔明亮的店頭，讓人感覺舒服且輕鬆。5. 脫口秀第一天團站立幫搞笑登場！ 6. 融合三種起司以及自製香料的古巴三明治，吃飽也吃巧。7. 不定時推出的暗黑料理，記得詢問才吃得到。

探索味蕾與風味的故事

詩人酒窖 Le Cellier des Poètes

走在車來車往的台灣大道，很難發現這裡竟然有一間風格別具的酒窖。詩人酒窖在台中已有十多年歷史，從早期從事葡萄酒進口代理業務至今，店內空間經過三次重整，而經營方針也轉型為餐酒模式，成為風雅人士品酒、論酒的祕密場所。

相較於連鎖品牌的洋酒專賣店，詩人酒窖最大的不同，在於這裡只專心賣葡萄酒，而酒窖將近九成的葡萄酒幾乎都是來自法國。「我們限縮風格，十多年來就只研究法國葡萄酒。」在詩人酒窖服務多年，具有侍酒師資格的經理陶緒康表示，葡萄酒所謂的產區，不啻是生活型態與風格的表徵，要探索一地的風

有檸檬香氣的 **Bourgogne** 以及熱帶水果風味的 **Glos thou**，入門者可一試。

土味道，「飲」與「食」必定是無法切割開來討論的。這也是為何經營十多年來，詩人酒窖不斷轉型，邀請主廚為葡萄酒設計料理，依照春夏秋冬不同季節打造「特殊季節菜單」，並以整套當季水果料理搭配餐酒，提供饗客不同的品酩饗宴。

當然，詩人酒窖也提供輕鬆飲酒活動，例如針對純飲客規劃的 Happy Hour 時段，可品嚐啤酒、咖啡、茶或單杯葡萄酒，配上招牌肉盤等單點小品，味蕾與風味可以互相搭配，使人們在良好的飲酒活動裡，輕鬆愜意地拉近與葡萄酒的距離。

招牌肉盤包含有豬頭皮肉凍、鴨胸、火腿、湖南香腸、豬肝肉醬、麵包等，在國外是很流行的下酒餐食。

2
3 | 1
4

1. 店舖風格相當具有大人味。2. 招牌冷肉拼盤有豬頭皮肉凍、熟成鴨胸、自製火腿、豬肝肉醬等，適合佐搭各種酒類。3. 酒窖後方隱藏著祕密品飲室。4. 販售酒類的店舖，設計與眾不同。

‖ 詩人酒窖 Le Cellier des Poètes
MAP：P.039-13
鄰近站名：科學博物館
地址：台中市西區台灣大道二段 331 號
電話：(04)2327-2924
時間：11:00 ～ 23:00，週日休

寓見日日好設計 Apartment Daily Goods & Art Ware

3 2 / 4 / 6 5 | 1

1. 個性櫥窗吸引人一窺。2. 選物範圍涵蓋家具到生活用品。3. 穿插不少台灣設計品，值得細細探索。4. 近來流行的土耳其收納箱也有選入。5. 桌上收納小物、鐵盒、袋包等，構築出迷人的風景。

SKANDINAVISK 的極光香氛蠟燭。

纖細黑鐵框著一片純淨，而細看這白色空間內部，浮游在其中的物件，每一樣都極為簡約，卻渾身散發出強烈主張。吸睛指數極高的 Apartment Daily Goods & Art Ware，經營態度雖然低調，卻蟬聯多位台中設計工作者心目中的最愛，更於私底下給予「最強選物店」的稱號。

Apartment Daily Goods & Art Ware 其實並非新開店，而是舊店遷址新開，從前身「奇寓」默默經營數年，小店歷經幾次風格轉型才淬煉出今日的樣貌；而主持風格的兩位經營者皆具有深厚的設計背景，他們以「Apartment Daily」的概念出發，挑選價格合理、主張強烈且兼具耐用精神的物件，推廣日日好用的設計概念。

在 Apartment Daily Goods & Art Ware 裡，有不少實用取向的生活品牌，像是折疊收納箱之王 AY・KASA、高機能防水篷布袋包 HIGHTIDE、北歐森林系香氛蠟燭 SKANDINAVISK 等。

除了選物以外，小店更獨家引進 Nordic Style 織品品牌 mormor，而兩位設計師所設計的家具與家飾，像是幾何造型黃銅鏡、鐵件構成的單椅等，更是吸引不少設計迷前來訂製！

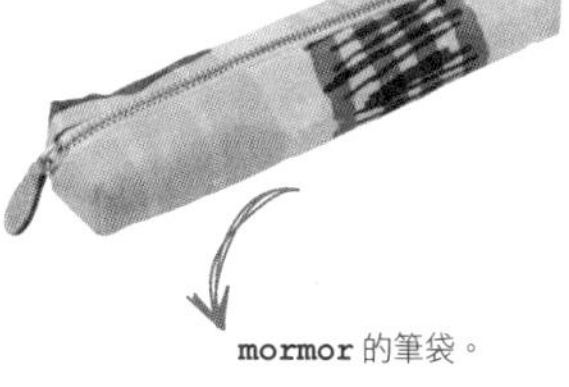

mormor 的筆袋。

‖ Apartment Daily Goods & Art Ware

MAP：P.039-14

鄰近站名：科學博物館（台灣大道）

地址：台中市西區中美街 612 號

電話：(04)2323-5011

時間：週二至週五 14:00 ～ 20:30、週六至週日 13:30 ～ 20:00

設計狂熱者的天堂百貨

MOT明日聚落

專賣高級巧克力
可在店內咖啡廳
悠閒品嚐。

3 2 5 4 1

1. 走進明日聚落宛如來到家具美術館。**2.** 地下室匯聚了許多明星設計品。**3.** 一樓家飾選品集合許多迷人小物。**4.** 空間瀰漫著一股優雅氛圍。**5.** 站在設計椅模型牆前可一口氣總覽經典。

MOT明日聚落是由忠泰集團一手策劃的新型態百貨商場，就位在台灣大道上的國泰大樓，從B1到2F橫跨三樓層，網羅世界各地的知名設計品牌，打造成品味不凡的設計家居商場。

MOT明日聚落就像為設計迷量身打造的購物天堂，無論你喜歡哪種風格，偏好Tom Dixon或是moooi，這裡兩者皆具，甚至擁有更多，肯定會讓人為之瘋狂。MOT明日聚落依照樓層規劃不同主題，一樓以家飾為主，北歐櫥窗與國際頂級家居品牌晴山美學各據山頭，另外還有特別引進的Armani頂級巧克力和精品花藝坊，空間角落並複合了咖啡館，貼心提供舒適的歇腳處。二樓則是工藝精品家具，百年歷史的水晶燈品牌或瑞典皇室御用的寢具Hatens，全球頂尖的工藝品味盡顯，光是走馬看花就能被其高雅魅力所吸引。

倘若你是100%的設計狂熱分子，那絕對不能錯過B1的經典設計椅展。自一九三〇年代迄今的大師經典設計款，幾乎全都囊括在此，不管內外行都能賞玩過癮，盡情汲取設計養分！

猶如捏皺紙團的趣味筆筒。

設計迷必買的啄木鳥水壺。

‖ MOT 明日聚落
MAP：P.039-15
鄰近站名：忠明國小
地址：台中市西區台灣大道二段 573 號
電話：(04)2322-2999
時間：週一至週日 10:30 ～ 19:00

覓靜拾光鋼筆咖啡廳

鋼筆控的書寫天堂

走進覓靜拾光，櫃上琳琅滿目的各式鋼筆，有來自世界各地的不同品牌，而另個角落則是一字排開各品牌墨水，超齊全的品類項目，對鋼筆玩家來說，簡直就是太邪惡、太推坑了！

開在精誠巷弄裡的覓靜拾光，是一家以「書寫」為主題的咖啡館，幾位創辦人都是十分資深的鋼筆玩家，他們投注自身的熱愛與專業，把書寫與咖啡休閒結合，創造了台灣第一家提供書寫體驗的商業空間。研究鋼筆多年的店長表示，想要開設這樣的店，主要是因為過去購買鋼筆只能在文具店，但這些店家往往缺乏體驗環境，且介紹者對書寫的認知也不夠，因此很難深入介紹每一隻筆的特性。

為了滿足鋼筆玩家的需求，覓靜拾光特別打造試寫檯，提供了三十至四十款的試寫筆（未來還會持續增加），有針對中文或英文書寫的專用筆，也有可替換筆頭的花體字沾水筆，而桌面上甚至還有各種不同的書寫紙，人們可以透過親自使用，感受筆尖與墨水、紙張之間的作用關係，找出最適合自己的鋼筆。

從買筆、挑紙到習字，覓靜拾光也時常舉辦各種書寫課程，幫助入門者快速上手。而這個空間營造的分享氣氛也吸引同好聚集，使覓靜拾光不知不覺成為玩筆社團「鋼筆旅鼠本部連Public Group」的中部聚會點呢！

哈雷限量聯名款，
筆盒設計超霸氣。

試寫台設計
十分貼心。

各式各樣經典商
品都可一試。

1
2
4 3

1. 各品牌墨水大集合，簡直要人失心瘋。**2.** 座落老屋的純白建築，身段優雅。**3.** 舒適的作息空間不時舉辦分享活動。**4.** 隱藏在咖啡館的文具舖，是吸引人們不斷造訪的最大誘因。

‖ 覓靜拾光鋼筆咖啡廳
MAP：P.039-16
鄰近站名：忠明南精誠七街口
地址：台中市西區精誠九街 10 號
電話：(04)2327-0838
時間：週二至六 11:30 ～ 21:00、週日 14:30 ～ 19:00，週一休

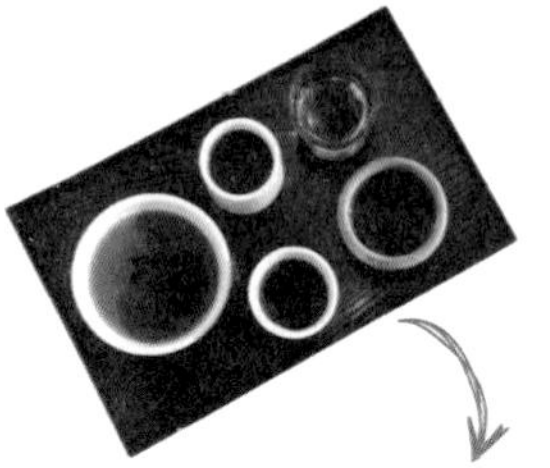

有興趣玩咖啡的人，可嘗試用不同杯子，喝出咖啡的不同風味喔！

屬於咖啡人的老地方

胡同咖啡×內巷咖啡

胡同咖啡在台中算是一家老店，但在咖啡界或是藝文界都具有指標意義。它做為精品咖啡館的元老，前前後後影響了許多後繼者，可說是理解台中咖啡館文化必先參拜的第一站。

胡同咖啡已有十四年歷史，是台中精品咖啡館的先鋒，創立的股東來自各方，有從事咖啡、藝文、心靈等領域的工作者，最初改造空間的想法是為了創造朋友們的聚會場所，而胡同的命名就是來自「WhoTogether」的意思。當時，主持空間的第一代咖啡師阿丕（黃世丕），借取茶道手法在空間大玩「咖啡席」，開創了復古東方的咖啡飲法，至今仍令人印象深刻。爾後，胡同咖啡幾經轉型，曾經有過藝文時期、餐飲時期、文青小店時期，儘管空間的內容不斷改變，但因為這個場所深具意義，持續被保留至今。

在歷代咖啡師的接力經營之下，今日的胡同咖啡是由忠信市場裡的內巷咖啡接手，資深咖啡師阿嘉把經營焦點轉移回到咖啡專業，他與冠軍咖啡豆烘焙師鄭超人合作，提供不同產地的精品豆款，並提供多種沖煮手法來呈現咖啡樣貌，使咖啡研究者可在輕鬆愜意的氣氛下進行品嚐與討論，打造出屬於咖啡愛好者的人情味角落。

5 3 4 | 2 1

1. 咖啡館有著老住宅風情。2. 胡同咖啡可說是台中老屋欣力的始祖。3. 水藍色調令人備感舒服。4. 胡同現由內巷咖啡的阿嘉坐鎮。5. 店老而空間不老，仍然充滿活力。

|| 胡同咖啡 × 內巷咖啡

MAP：P.039-17

鄰近站名：忠明南精誠七街口

地址：台中市西區精誠九街 16 巷 3 號

電話：0923-020-345

時間：13:00 ～ 22:00，週二休

Match Neverland 默契咖啡

青年革命的地下總部

|| Match Neverland 默契咖啡二店
MAP：P.039-18
鄰近站名：忠明南精誠七街口
地址：台中市西區精誠十二街 7 號
電話：(04)2320-3112
時間：10:00 ～ 20:00

你知道台灣各地咖啡館經常可見懸掛的「台獨鯨魚旗」出自哪裡嗎？太陽花學運當中散遍青年陣地的議題貼紙「今天拆大埔、明天拆政府」、「台灣國護照貼紙」又是誰設計的？沒錯，這些議題行動的發聲者正是來自一家台中咖啡館，那就是默契咖啡。

默契咖啡本店位在台灣大道金錢豹酒店隔壁，人稱「老丹」的陳致豪不僅是咖啡館老闆，他的另一個身分是平面設計師。從早年從事藝文工作，近來跨入社運，老丹借助設計的力量，透過自媒體傳播，促成了不少議題的推動。對許多社運青年來說，默契咖啡就像是地下革命本部，有著極為重要的地位。而默契咖啡在創立將近十年後，因為接手「水牛書店」空間，而有了二店 Match Neverland 的誕生。

Match Neverland 有著不同於本店的舒緩氣氛，空間基本上維持老屋原樣，以書砌成的牆面、斜屋頂、木構造等，仍舊記憶著老住宅區的早期生活樣態。老丹笑著說，我們不衝撞的時候，就在這裡認真推動減塑啊！像是鼓勵可重複使用的玻璃吸管、開辦編網袋教學課程等，不看輕小火花的影響力，就是默契咖啡能夠發揮影響力的主因吧！

3 2
5 4 1

1. 默契咖啡二店氣氛更加悠閒。**2.** 老屋磨石子地板分外迷人。**3.** 適合會議的空間，是否將成為新的革命基地？**4.** 前身為水牛書店，巨大書牆仍舊保留下來。**5.** 一樓後方正規劃祕密空間，值得拭目以待。

獨立書店進擊！

當連鎖經濟走到了極致，獨立發聲平台可以讓風格更加多元繁生。台中雖不是獨立書店最密集的城市，但因台灣獨立書店文化協會設立在此，使得這座城市別具指標意義。座落在台中的獨立書店，除了老字號的東海書苑、魚麗人文主題書店等，新創的一本書店、新手書店、本冊等，各自專精不同領域，此迷書都相當精彩，愛書人走進裡頭往往很難全身而退，著迷！淪陷！大聲呼喊救命！（但請別緊張，那只是知識正在接收中）

一本書店

一則愛書人會懂的暗號

書店誠如其名，小巧而可愛。

老闆推薦好書《死亡與來世》。

‖ 一本書店
MAP：P.125
鄰近站名：高等法院臺中分院台中文化創意園區
台中市南區復興路三段 348 巷 2-2 號
營業時間：1200 ～ 1700，週一二休
電話：無（用餐訂位請由 FB 粉絲頁私訊）

選在七月十二日梭羅出生日開門的一本書店，門口是蓊鬱鬱的綠川河道，枝葉間灑落的搖曳光影，格外舒適的恬靜氣氛，給人一種出落文學篇章的錯覺。

走進一本書店，你會為它的小巧迷你感到不可思議。僅有數坪大的空間裡，僅能容納一座小吧台，幾個簡單的讀書座位，而釘在牆壁與緊靠著牆壁的書架，這幾乎就是書店的全部了；與其說這是一家書店，倒不如說是為了愛書人準備的特別座席。

一本書店是由一對愛書人夫妻所經營，小小書店供應家庭手作食物，以及兩位店主夫妻親選的好書。由於女主人Miru先前從事設計，而男主人則是文學科系畢業，兩人從自身興趣的主題來選書，並以有別於傳統的獨特分類法，架構出一本書店的閱讀脈絡。細讀貼在書架上的紙籤，像是「你依賴的是網路連結還是大腦內的神經突觸連結。」那分類描述猶如一句語摘，或一則簡短的書介，而對於敏銳的讀書人來說，那是會使人會心一笑的暗號。

窗戶也是書架，設計別出心裁。

簡簡單單的座位區，專為愛書人而準備。

每本書都是老闆讀過才選出喔！

走過櫥窗，立刻被繪本吸引

一眼望穿的空間，雖不大卻很精彩。

選書分門別類用紙籤貼在書架上。

本冊 Book Site

用書冊游擊廢空間

回收舊料打造的創意櫥窗。

販售各種有趣選品，常令人把玩上半天。

重新打造的入口，十分隱密。

‖ 本冊 Book Site
MAP：P.039
鄰近站名：向上國中
地址：台中市西區中美街 135 號
電話：0982-723-359
時間：14:00 ～ 21:00（不定休）

大長桌不時有主題策展。

榻榻米是舉辦講座的好地方。

本冊也販售自製的紙類商品。

本冊 Book Site 的誕生是一件非常有趣的事情，剛開始那是由 AJ、妮子、可謙和景瀚幾位年輕人發起的老屋再利用行動，他們首先在中區成立了「佔空間 Artqpie」，後來又透過「整修代償租金」的方式進駐閒置空間，將廢屋改造為閱讀基地，達到空間活化的目的。

隨著先前幾個空間任務結束，佔空間團隊移師到中美街 135 號現址，與屋主合作完成最新的空間「本冊 Book Site」，成為以閱讀分享為主，又兼容選物、展覽與講座機能的創意基地。由佔空間團隊所打造的場所相當迷人，自詡為「植物系」的風格中，使用了大量回收舊料，像是工業用老棧板、舊屋拆下的舊門窗以及各式老件家具等，加上大量蕨類植物的綠意鋪陳，破除原先廢棄老宅的陰森感，塑造出散發溫馨氛圍的閱讀空間。

走進本冊，木製展示架上陳列許多獨立刊物，而店中央大型島桌則擺放明信片和塗鴉手繪本，除了空間上能感受店家想傳達的態度外，其獨立出版刊物《咱誌 Let's Zine》的光芒更銳不可擋。本冊特意開設在文化氣息薄弱的準都更區，像是挑戰主流意識的釘子戶，為小眾青年保留一處純粹的發聲平台。

立志成為社區轉角書店的新手書店。

小巧可愛的店招。

老闆推薦選書《女人》。

新手書店

販售書癮的讀物店

‖ **新手書店**

Map：039
鄰近站名：美村向上北路口
地址：台中市西區中興里向上北路 129 號
電話：0983-388-052
時間：12:00 ～ 22:00
時間：14:00 ～ 21:00（不定休）

書店除了賣書，也有紙品、唱片等選品。

每一本書都有藏有內心戲，等著有緣人來翻閱。

近來書店有行動咖啡進駐。

小空間極盡利用，滿滿都被書包圍著。

這裡也能找到介紹獨立書店的專門刊物。

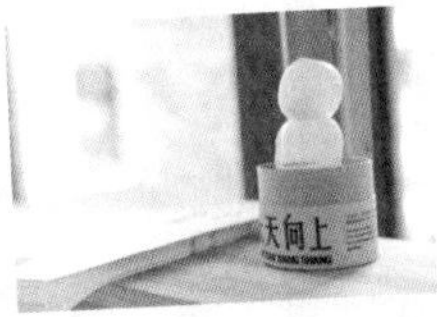

小空間極盡利用，滿滿都被書包圍著。

「走進獨立書店如果感覺身體不適，那是再正常不過的。」新手書店經營者鄭宇庭談起獨立書店，劈頭就這麼說。可是，身為一家街坊裡的書店，鄭宇庭卻希望終結這種過敏現象，經營出一個徹底接地氣的空間。最好，書店就像便利商店那樣，一天不去就會渴求。

新手書店是一間跟著街區成長的書店，從開店以來經過三次調整（持續變化中），從原本設定「一百本選書」延伸，至今增加到五百至六百本，選書精神仍然鎖定以文學為主，討論主題卻包羅萬象。鄭宇庭說：「大家都把文學看得太嚴肅，其實文學也有詼諧幽默的一面。」文學有嚴肅深澀的一面，但也有貼近生活的一面，通過文學的轉換，即便是音樂、旅遊、飲食等事物，也能變得深刻而詩意。

鄭宇庭矢志成為人與文學的橋樑，他除了每月舉辦較嚴肅的文學講座之外，並有老少咸宜的「講座要在晚餐後」活動，鼓勵人們茶餘飯後來書店坐坐，聽文學家暢談創作八卦，用看八點檔的心情來認識文學。「我希望人們覺得，這裡有一間書店是再正常不過的事。」對於經營小書店的鄭宇庭來說，這才是真正的成功。

質感醞釀！設計創業者的小屋拜訪

西區（華美街、土庫里、美術園道）

以國立台灣美術館為中心，藝術的能量擴散到周邊街巷，不論是官方或民間的藝文單位，高密度聚集在美術園道上，光光是忠信市場、東海書苑、上下游基地等，從藝文、知識而生活就能一次滿足。

拐進土庫里，舒服的巷弄適合步行，在一間又一間老房子裡，隱藏著不少年輕人開設的選物店、袋包店、插畫工作室、手作店、咖啡館等，這裡可說是當地設計工作者的大本營，逐一拜訪別有收穫。在不遠處的華美街，更是繼土庫里之後新興發展的散步街道，聚集著像是Fit Lab、Howdy 好，的、喃喃 nanan 等選物店，販售琳琅滿目的台灣各地雜貨、創作商品，如果沒有堅強的意志，進入此區很難不手滑；當然，絕對能夠讓人滿載而歸！

1. 好，的 **Howdy**
2. 喃喃 **nanan**
3. **FiT LaB** 設計商行
4. 土庫拾趣
5. 青鳥屋
6. **TU PANG** 地坊餐廳
7. **Bakki Handmade**
8. **KYOYA**
9. 小路映画
10. 春丸餐包
11. 生活商社
12. 鹿窯菇事所 **Goodthing**
13. **CameZa+**
14. **Bonbonmisha** 法國雜貨
15. 忠信市場
16. 上下游基地
17. **MITAKA s-3e Cafe**

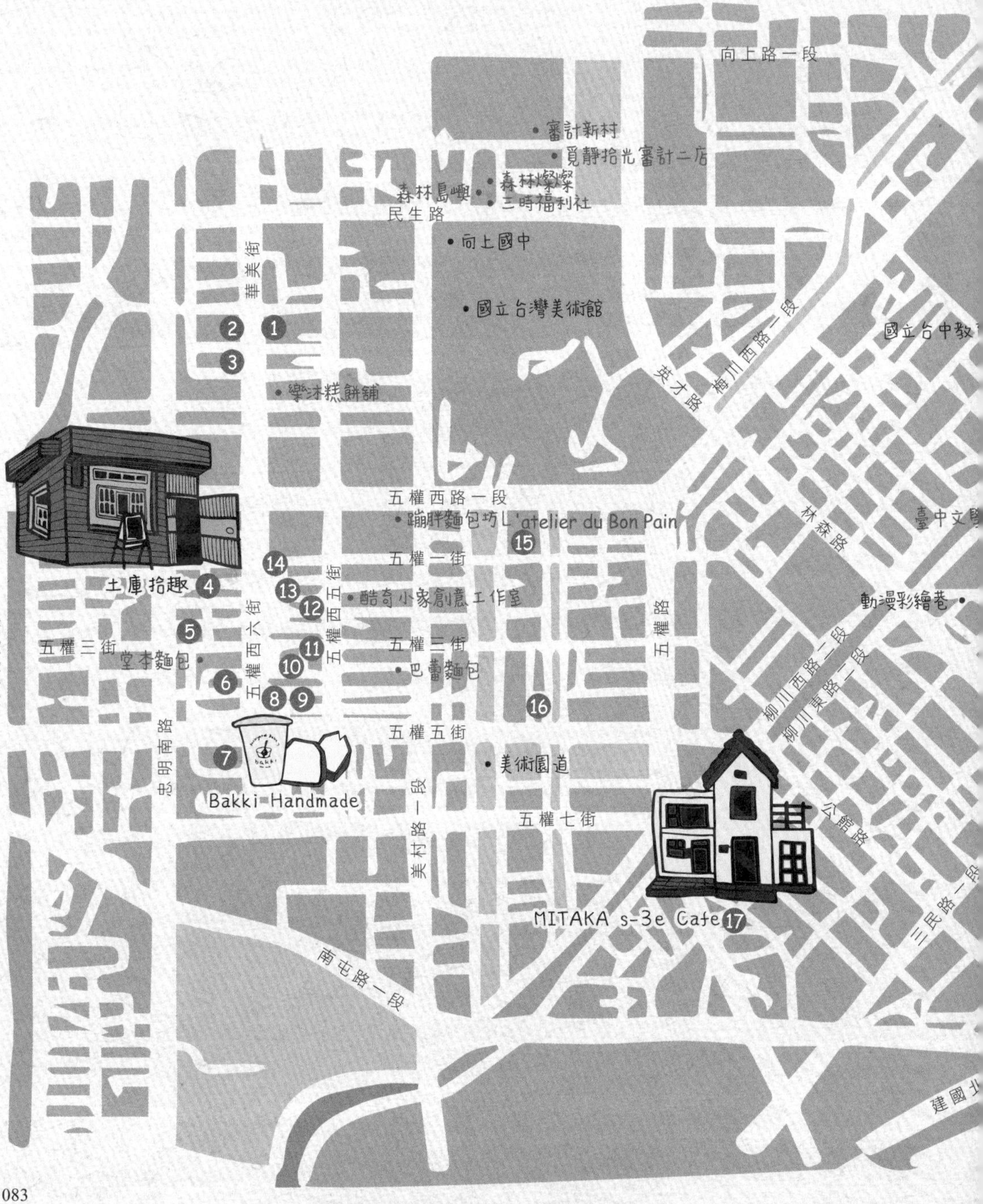
向上路一段
審計新村
覓靜拾光審計二店
森林島嶼
森林燦燦
三時福利社
民生路
向上國中
華美街
國立台灣美術館
1
2
3
樂沐糕餅舖
英才路
梅川西路一段
國立台中教
林森路
臺中文
五權西路一段
蹦胖麵包坊L'atelier du Bon Pain
15
14
五權一街
土庫拾趣
4
13
12
五權西五街
酷奇小象創意工作室
動漫彩繪巷
大明南路
五權三街
5
堂本麵包
五權西六街
11
10
五權三街
巴蕾麵包
五權路
6
8
9
16
柳川西路二段
柳川東路二段
忠明南路
五權五街
7
Bakki Handmade
美術園道
五權七街
公館路
美村路一段
MITAKA s-3e Cafe
17
三民路一段
南屯路一段
建國北

Howdy好，的

100% 本土文產概念店

職人自製的手工果醬。

皮革與紙結合的
創意工具袋。

‖ Howdy 好，的
MAP：P.083-1
鄰近站名：土庫停車場（國美館）
地址：台中市西區華美街 42 號
電話：(04)2372-1832
時間：12:00 ～ 20:00，週二休

走在華美街若不仔細察覺，極可能會錯過的「好，的」。以熱情開朗的招呼語「Howdy」諧音為名，小店主理人黃奕杰為從業多年的平面設計師，他有感台灣在地工藝缺乏平台，因此將工作室一樓打開，成為在地創作的專門店。

大片落地窗裡頭，木材裝潢的門面配上紅色對聯，而門口的吉祥物「茄熊」面帶笑容熱情招呼，畫龍點睛突顯出小店的人情味。打出「100% 專屬台灣選物店」的口號，黃奕杰搜羅了來自台灣各地的工藝設計品，從生活用品、文房具、家飾、餐具、原創包包到農食產品等，令人訝異原來台灣的在地工藝如此多元齊全，甚是可以「自給自足」。

以南投竹山的竹子做成的鋼筆、友善耕作的本土小農產品、精細的手作金工藝品，這裡頭陳列的工藝設計品都蘊含著有趣的創作故事，每一樣都能感受到台灣的風土民情。做為獨立創作者和小農的友善平台，黃奕杰希望能將寄託在作品中的理念傳達到每個人心中，讓發生在台灣各地的「好事」可以被看見，讓每個人都可以認同台灣的好。

4
5
6 3 2 | 1

1. 乍看之下充滿日系感的空間，裡頭販售詮釋 **MIT** 設計喔！2. 台灣陶藝家的創作咖啡杯。3. 表情生動的木燈具。4. 空間不大卻集合了數十個台灣品牌。5. 木箱陳列著食品與香氛選品。6. 環保概念的書寫工具。

喃喃 nanan

讓眾人驚嘆的設計師風格私語

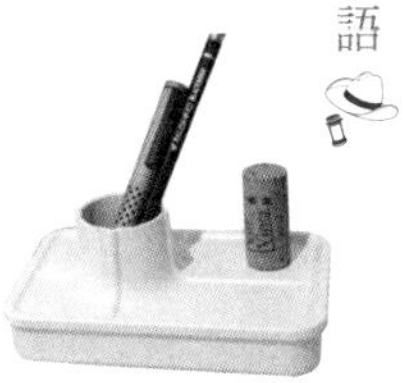

‖ 喃喃 nanan
MAP：P.083-2
鄰近站名：土庫停車場（國美館）
地址：台中市西區華美街 43 號
電話：(04)2376-0170
時間：11:00 ～ 19:30，週一休

與其說喃喃是一間選物店，它的空間風格其實更像是一間藝廊。走進喃喃，丹麥設計師 IB KOFOD-LARSEN 的經典三人座沙發 MatzForm Wing 首先映入眼簾，而天花板懸吊的鐵件燈具，在空中舞動著曼妙光影。簡約、純淨、設計感，是喃喃給人的第一印象，而再深入探索的話，你便會看見每個細節裡頭所富含的工藝底蘊。

喃喃是由室內設計師 Kate 所創，這個空間就像喃喃自語般，表達出一位設計師對美學的私觀點。無論是日本工藝師花崗央的手工玻璃、義大利設計師 Stefania di Petrillo 的琺瑯器具，或是日本 SGHR 的高質感硝子設計，從這些器物所展現的姿態，不難發現 Kate 的器物觀點非常視覺導向，即使是生活化的器皿杯盤，在造型與色彩的呈現上也都要如同家飾品那般，擁有吸引目光的特質。

自引進國外品牌之外，喃喃最特別的地方在於經營台灣工藝設計精品。除了今年度話題性十足的蛋造設計（danzo studio），另外還有專攻紅銅琺瑯金工的鏨工房（zan design），以及由旅居芬蘭的設計師 Chia-En Lu 所創、從海外反攻國內的紅銅藺草編 gaa，這些多半在雜誌上才能看見的極美設計，在這裡竟可親見實品，實在是太讓設計迷驚嘆了！

鏨工房的琺瑯作品收錄齊全。

4 5 | 3 | 1 2

1. 室內設計師的選品店，在空間細節都非常講究。2. 飛舞空中的設計燈具，立即就抓住目光。3. 陳列方式優雅細膩。4. 低調店面只對頻率相同的客人説話。5. 日本 **SGHR** 的高質感硝子設計。

FiTLaB 設計商行

設計分子磁吸實驗場

高度實用的皮革錢包。

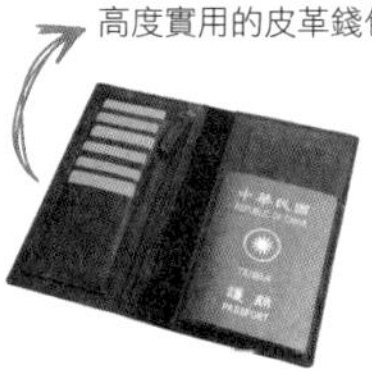

‖ FiTLaB 設計商行
MAP：P.083-3
鄰近站名：土庫停車場（國美館）
地址：台中市西區華美街 37 號
電話：(04)2376-8675
時間：11:00 ～ 21:00，週二休

位在華美街的 FiTLaB 設計商行，與隔著一條巷弄的 Allo Friend 咖啡館呈現有趣的相生關係。

Allo Friend 是一個複合展覽與咖啡館的空間，創店的主要成員為劉彥巡、簡子凱、宋義威三位設計師，他們分別擅長品牌規劃、空間設計與視覺傳達等不同領域，卻在這樣有趣的經營型態下逐漸發展出 Coworking 模式，也促成了 FiTLaB 的誕生。

FiTLaB 顧名思義是一處充滿實驗風格的地方，在這兩層樓的空間裡進駐了一思生活開發、加點設計、維拓設計、Flover 花藝設計四個設計團隊，而這裡除了是他們的聯合工作室之外，也將一樓空間規劃為設計商店，讓協力設計師可有展售作品的平台。在這裡，你可以看到見歐美經典家具家飾品牌，像是 Tacchini、Flos、Lapalma 等，以及台中在地設計品牌 Wanderer Design 的皮件、民六九家居的木家具的商品。

有意思的是，聚集在此的台中新銳設計師大多都提供量身訂製服務，他們針對不同案主的需求來進行創作，並且進行跨領域設計整合，就像游離分子透過多種聚合產生化學變化，十足發揮「Fit」與「LaB」的精神。

3 2 | 1

4

1.**Wanderer Design** 的皮件設計。2.民六九家居與各式代理家具品牌。3.二樓通往多媒體工作室。4.**FiTLaB** 既是選物店、也是工作室。

皮革編織手環。

土庫拾趣

餐桌道具的祕密小賣所

高人氣的六鲁陶作是店內暢銷品。

6 3 5 4 | 1 2

1. 土庫拾趣前身為老理髮院。2. 小小空間卻有很多東西可挖寶。3. 店主自日本帶回的小物，都是限量發售。4. 陳列方式如同小型藝廊。5. 野餐籃除了販售，也提供短期租賃。6. 老菜櫥裡總有許多不錯的商品，千萬別錯過。

‖ 土庫拾趣
MAP：P.083-4
鄰近站名：五權西忠明南路口
地址：台中市西區五權西六街 20 巷 21 號
電話：(04)2375-5281
時間：週一及週三 11:00 ～ 18:00、週四至週日 13:00 ～ 18:00，週二休

位在國美館附近的土庫里，從前是種植水稻的農村聚落，這個地方從清朝發展至今，儘管後來興建了不少洋樓大廈，但那裡頭卻仍然保存了不少歷史角落。走逛土庫里，可發現不少窄小巷弄，裡頭窩藏著年代久遠的舊式矮平房，而土庫拾趣就藏身在裡頭。

土庫拾趣位在巷弄交叉口的轉角，與老理髮店平分共用空間，呈現有趣的相生狀態，也可見昔日巷弄人家生活緊密、彼此互助的人情味。土庫拾趣是一間日式器皿專賣店，店主因為喜愛美麗的生活道具，特地挑選了兼具實用與美型的品牌，像是釉料雅緻且帶有手感拙趣的美濃燒六魯 BLUT's、表面肌理纖薄細緻的瀨戶燒，色彩粉嫩充滿春天感的 1616 ARITA JAPAN，以幾何圖案生動配色的波佐見燒 NATURAL69……店主表示，「拾趣」的意思就是蒐集有趣迷人的事物，這些生活道具雖然是以實用為出發點，但質感細節還是必須講究，才會令人越使用越喜歡。

除了販售器皿杯盤之外，土庫拾趣為了提倡慢步旅行，店內販售的野餐籃與野餐墊也有租借服務，只要少許花費，就能輕鬆享受風格野餐，也順便達成體驗行銷，可說是一舉數得。

1616 ARITA JAPAN 的設計很細緻。

青鳥屋

四十年便當老店華麗轉身

委託佔空間團隊設計的便當包裝。

今天所用食材開誠佈公，一目了然。

提起出外人的外食好朋友「便當」，絕大數人的印象就是簡便粗飽的一餐，而便當無論陣容多麼豪華澎湃，卻鮮少能與風格或設計感沾上邊。不過，在台中具有「設計便當」稱號的青鳥屋，硬是讓便當變得時髦起來，讓不食人間煙火的文青們也紛紛捧起餐盒，認真扒起飯來！

捧起青鳥屋的便當，帶有日系風格的包裝紙上，印了細緻的插畫、發光的米粒，以及復古的字體，簡簡單單表述出小店深具歷史的背景，以及堅持米食本位的便當精神。青鳥屋源自台南一家四十年便當老店，其第二代女兒林雅莉發揮自身在日系餐飲公司學習到的餐飲管理專業，並邀請「佔空間」團隊擔綱形象設計，使老字號旁開新枝，更貼近新世代的喜好。

在口味上，青鳥屋融合了台日風格，招牌主菜有烤雞、鹽烤鯖魚等，而烤雞更是搭配了由林媽媽所傳授的獨門醬汁。打開青鳥屋的便當，嚴選壽司米煮成的白飯，粒粒晶瑩飽滿，配上烤雞、鹽烤鯖魚等主菜，以及林雅莉研發的烤蛋與炒牛蒡絲等日式小菜等，從豬肉、雞肉到雞蛋皆是嚴選產銷履歷食材，雖是小小便當，卻充滿了美味與用心。

2

3 | 1

1. 窗明几淨的形象改變一般人對便當店的看法。2. 菜色精緻，還有獨家烤蛋小菜。3. 內用座位不多，大多都是外帶。

青鳥屋
MAP：P.083-5
鄰近站名：五權西忠明南路口
地址：台中市西區五權三街 394 號
電話：(04)2378-0270
時間：11:00～13:30、17:00～19:00，週日休

品嚐屬於台中的味道

TU PANG 地坊餐廳

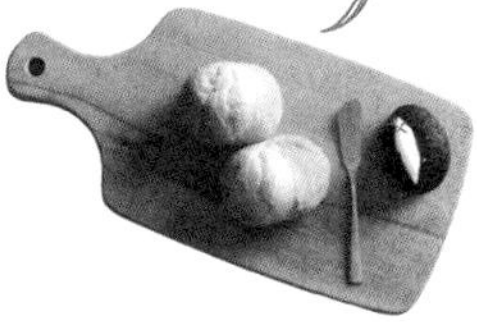

自製麵包
十分美味。

‖ **TU PANG 地坊餐廳**
MAP：P.083-6
鄰近站名：忠明南五權西路口
地址：台中市西區五權西六街 96 巷 13 號
電話：(04)2375-5098
時間：12:00 ～ 14:30、18:30 ～ 21:00，週一及週日休

選用秀姑巒溪養殖七十五天油封煎成的櫻桃鴨排、來自人道船釣的黃雞魚料理，台灣麵粉結合彰化絹山牛奶油做的磅蛋糕，以及使用小農出品有機紅蘿蔔熬煮的香料濃湯……伴隨著主廚張皓福的生動訴說，那盤中所裝盛的已不只單單是食物，而是料理人對於土地的關懷之心。

在台中具有高人氣的主廚張皓福，過去開設過法式料理餐廳，也曾擔任朵薩SPA的主廚，投入餐飲產業正滿二十年的他，始終希望能夠回歸初心，使用當地代表性食材做出屬於台中的味道。二〇一六年底，他終於在TU PANG地坊餐廳實現了理想，用料理拉近人與土地的距離，並邀請不同領域的專業人士前來客座，藉由料理啟發文化交流。

張皓福希望食材與料理方式都可以被看見、分享，因此在這個玻璃構成的餐廳裡，他以長長的水泥桌聚集了來自各地的人，而人們藉由食物互相認識，從陌生變成了朋友，甚至彼此分享故事與生活。「食物是一地風土、歷史、人文所累積的成果，而那是一場永不停止的交流。」張皓福說。誠如這個玻璃屋廚房上方保留的施工鷹架，「未完成」的空間概念激勵著他，持續探索食物，持續追求更好。

5 4 | 1 2 3

1. 用大長桌把人與人的情感連結起來。**2.** 角落販售主廚愛用的柴米油鹽等食材。**3.** 餐廳是一座設計獨特的玻璃屋。**4.** 主廚希望用料理挖掘台中在地味。**5.** 這裡也能品嚐到美味的宜蘭鴨。

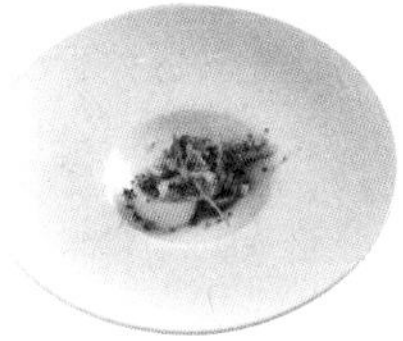

料理融合多元創意，入口往往有驚喜。

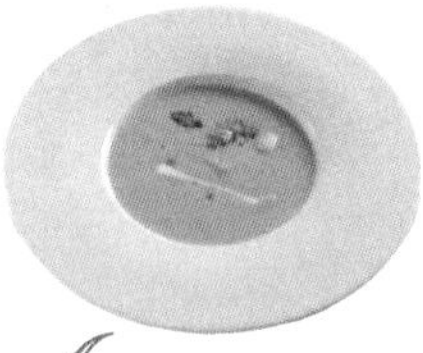

充滿季節滋味的胡蘿蔔濃湯。

磅蛋糕與書的美味佔領
Bakki Handmade

只有冬季才發售
的可可口味。

‖ Bakki Handmade
MAP：P.083-7
鄰近站名：大勇國小
地址：台中市西區五權西六街
136 巷 6-1 號
電話：臉書訊息聯絡
時間：13:00 ～ 18:00
（賣完提早打烊），週二休

在台中相當活躍的「佔空間」團隊，借取「換工」的經營模式著手不少老屋改造，他們也經常帶著自創刊物游擊市集，募集紙本閱讀或老屋的愛好者。每每走經佔空間時，總見攤前除了擺著獨立刊物《咱誌 Let's Zine》之外，還有十分令人垂涎的磅蛋糕……Bakki Handmade 原是佔空間團隊裡的小項自製商品，而這項市集商品在因緣際會之下，卻成了一處新空間，那背後的故事相當有趣。

數年前，佔空間與展覽空間「動畫飛行館」曾經合作，共同編製在地刊物《暖太陽》，也因為這樣有趣的合作經驗，促使動畫飛行館在結束任務之後，委由佔空間接手經營，促成了 Bakki Handmade 的誕生。走進這棟有趣的清水模建築，上下樓板的錯層關係，給人彷彿走進原始洞穴，而佔空間將空間融合了植物系風格，加入自創鐵件家具、植栽、老件等，在裡頭規劃出一間蛋糕店、一間書店，以及一間家具概念店，為冷冽極簡的清水模空間，創造出多層次的閱讀面相。

當然，來到 Bakki Handmade 絕不錯過的是烘焙師胤亦的手藝，使用放牧雞蛋與日本麵粉、岩鹽製作的岩鹽磅蛋糕，搭配糖漬檸檬與季節果醬食用，不油不膩的滋味，就像佔空間所呈現的清新風格，那麼讓人感覺舒服。

內用增加果醬與蜜餞的搭配吃法。

4
5 1
6 3 2

1. 包裝可愛的外帶磅蛋糕。2. 主廚新開發歐式麵包。3. **Bakki** 展現出佔空間團隊獨特的「植物系」風格。4. 清水模建築的光影十分美麗。5. 一樓空間也有局部選品小舖。6. 二樓空間宛如洞穴，給人一種神秘感。

KYOYA

專為京都迷設計的旅行小店

院子一隅相當可愛。

一系列綠色甜品令抹茶控尖叫不已。

‖ KYOYA
MAP：P.083-8
鄰近站名：五權西忠明南路口
地址：台中市西區五權西六街 103 號
電話：0958-857-158
時間：12:00 ～ 18:00

4 3 | 1
2

1. **KYOYA**將院子打開，對外分享美好。
2. 店主分享旅遊京都攜回的和風小物。
3. 空間佈置簡單卻不失溫馨。4. 開放吧台讓店主與客人零距離。

被恬適氣氛所包圍的KYOYA，是由夫妻檔所開設的小店，老闆娘吳維淳與先生在旅行時愛上了京都，希冀延續嚮往的城市氛圍，因此決定開設了這間以「京都」為主題的咖啡館。

吳維淳夫妻倆，一位曾在誠品書店兒童館工作，而另一位則總愛利用閒暇時間研究烘焙，他們結合各自專長所打造的小店，融合了咖啡、雜貨、繪本與展場，而除了在那每張桌子上都精心擺置的京都主題選書之外，KYOYA供應的甜點也延續日本家常料理的手作精神。

老闆親自烘焙各式磅蛋糕，是KYOYA的招牌甜點。像是嚴選九州鬆餅粉製成的招牌鬆餅，以及加入小山園抹茶粉的磅蛋糕，而大受好評的京都圓舞曲抹茶蛋糕，則是小山一般的圓形磅蛋糕覆蓋一層蓬鬆如雪的鮮奶油，那小小奢華的外觀卻有著令人大大滿足的好滋味。

使用來自日本的美麗器皿，端上用心製作的美味甜點，KYOYA在每個細節裡盡可能落實理想，與遙遠的京都呼應著。雖然沒有顯眼的招牌或大肆宣傳，但KYOYA靜守在城市角落，就像走在京都巷弄會不期而遇的小店，往往就在轉身之際，變成人們口中所謂的驚喜。

手作家寄賣的貓咪口金包創作。

小路映画

找到台灣插畫的一片天

夢想可以走到多遠，可以長到多大，誰都不能說個準。可是，談起小路映画從無到有的故事，那的的確確是一個相當激勵人心的故事。

小路映画成立於二〇一一年，其創辦人黃米露最初是為了推廣台灣獨立電影，而在國立台灣美術館對面的忠信市場，租下一個幾坪大的閒置店面，當成是小路映画對外發聲的平台。當時，忠信市場裡的藝文活動蓬勃，黃米露每逢假日就來這裡放電影，甚至自己籌措經費舉辦獨立影展。在跌跌撞撞的摸索當中，黃米露為了解決經費不足問題，想到用插畫來設計影展宣傳海報，因而發展出一套獨特的行銷方法，使得黃米露由劇作家踏上了插畫經紀之路。

幾年下來，小路映画的合作夥伴日益增加，知名插畫家如：Larda、包大山、徐至宏、日淳、Michun、Croter、林森、硬糖果、游尊鈞等，都是合作對象。而黃米露除了為旗下插畫家舉辦個展之外，也邀請跨領域的藝術工作者前來策展，不知不覺小路映画也轉型為策展性質，不僅向大眾引介平面藝術，同時也促成許多跨領域合作，企圖為台灣插畫藝術尋找更廣的天地。

‖ 小路映画
MAP：P.083-9
鄰近站名：忠明南五權西路口
地址：台中市西區五權西五街 94 巷 36 號
電話：(04)2375-0912
時間：未定

5 4 | 3
1
6 | 2

1+2+3. 鮮豔色彩是小路映画給人的第一印象。**4.** 小路映画歷年發行的插畫年曆。**5.** 黃米露用心推廣台灣插畫不遺餘力。**6.** 充滿玩心的空間，感覺可以激發出許多創意。

（小路映画已於 **2017** 年 **5** 月遷往新址，空間照片為舊址）

春丸餐包

烘焙微小而確實的幸福

‖ **春丸餐包**
MAP：P.083-10
鄰近站名：五權西忠明南路口
地址：台中市西區五權西五街 88 巷 32 號
電話：(04)2372-0880
時間：08:00 ～ 16:30

漆成純白的老派洋房門口，立著手繪上去的小店招，春丸餐包開在老住宅區裡，更顯得風格清新，而那內部的日式簡約裝潢，加上各處擺放的大小盆植栽，營造出放鬆舒適的慢節拍，也十分切合當地的生活氛圍。

招牌小到不能再小的春丸餐包，可稱是名符其實的「小店」，而這間小店不賣咖啡或是早午餐，它只專心做好一樣不起眼的料理，那就是「**koppe-pan**」。**koppe-pan** 是由日文翻譯而成，意思就是「餐包」，為使用長型麵包夾上餡料而成，在日本是相當普遍而簡單方便的早餐食物。為了供應健康美味的安心食物，春丸餐包使用日本熊本製粉的皇冠麵粉，加上小麥種天然酵母來製作麵包，且堅持每日烘焙、新鮮出爐，使麵包不需添加任何防腐劑，自然能有柔軟又富彈性的口感。

針對不同喜愛者，小店更研發將近四十款的鹹甜餡料，包括有海鹽紅豆、煙燻火腿蛋沙拉、北歐丹麥奶油乳酪、靜岡抹茶等，尤其是選用溪湖葡萄與埔里百香果做成的自家手工果醬，那甜而不膩的天然風味，更是讓人百吃不膩。

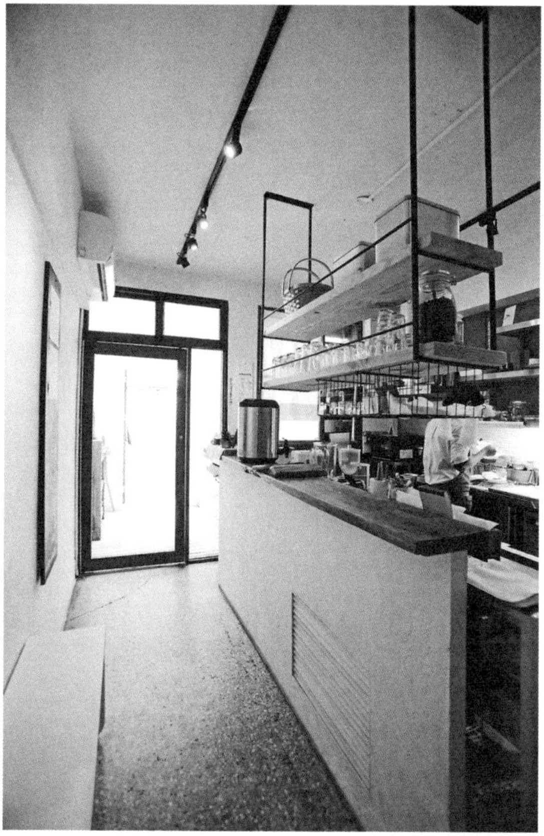

3 | 2
4 | 1
5

1. 小巧櫥窗擺著今日新鮮出爐的熱狗麵包。**2.** 春丸隱身在小小院落，有種樸素寧靜的美。**3.** 二樓座席可享受朝陽。**4.** 特意加高的白圍牆，圍塑出安靜氛圍。**5.** 開放廚房可見餐包現點現做。

內用套餐含有飲品與優格。

草莓乳酪抹醬口味超人氣。

生活商社

用圍裙創作記錄生活

設計師 **Leslie** 的袋包品牌。

‖ 生活商社
MAP：P.083-11
鄰近站名：五權西忠明南路口
地址：台中市西區五權西五街 88 巷 30 號
電話：0970-156-842
時間：13:00 ～ 19:00，週一休

低調隱身在舊美軍宿舍群中的生活商社，最佳辨認方式就是它那漆成水藍色的老鐵門。店主人 Leslie 是一位服裝設計師，他對出身國外行之有年的 Select Shop 情有獨鍾，因而借鏡成立了選物小店，並做為自創袋包品牌 Everything in Between 的展示平台。

這個半店鋪半工作室的空間裡頭，集結了 Leslie 所愛的一切。Leslie 表示，生活商社的創業靈感來自他在東倫敦挖掘的小店「Labour and Wait」，那小店不僅介紹分享選物，同時也扮演職人的創作角色。Leslie 年輕時期曾在倫敦與

生活商社鼓勵人們
經營生活每個角落。

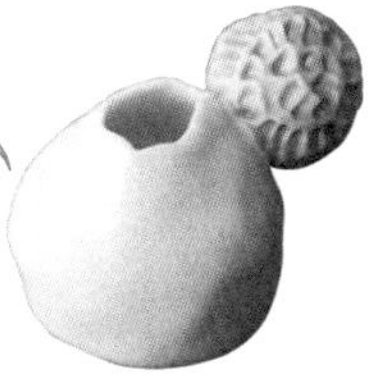

台中陶藝家顧
上翎的陶杯。

2
3 | 1
4

1. 生活商社是一家設計師的選物店。
2. 老櫃子收藏著旅行攜回的古董擺件。3. 親身使用才嚴選的生活器物。
4. 各種天然刷具價格都相當實惠。

日本工作，深受這兩個城市的風格影響，他癡迷於傳統老舖工藝或是歷久不衰的經典設計，像是日本開化堂的茶桶、柳宗理設計的不鏽鋼、南部鐵器或美國Chemex手沖咖啡壺等，都是通過他日日使用所慎選的商品。

當然，生活商社最重要的商品，仍舊是Leslie所設計的袋包與圍裙。談起最愛的圍裙設計，Leslie認為圍裙不只有在廚房裡才能使用，各行各業像是園藝、皮革工作者，也都有專為工作設計的圍裙。「我認為圍裙是一種關乎生活的創作。」看著Leslie不疾不徐的慢創作，就好像走在京都老舖外，那職人總是日復一日地工作。有一天，就默默地變成經典了吧。

鹿窯菇事所 Goodthing

老房子裡的香菇研究室

‖ 鹿窯菇事所 Goodthing
MAP：P.083-12
鄰近站名：忠明南路五權西路口站、美術館站（美村路）
地址：台中市西區五權西五街 26 巷 3 號
電話：(04)2376-6166
時間：11:00 ～ 21:00，週一休

去年七月甫開幕的菇事所，是由來自南投國姓鄉的農創品牌「鹿窯香菇園」所成立，創辦品牌的徐小路夫妻透過朋友介紹發現了這棟老房子，兩人將這棟優雅的老式洋樓重新改裝，打造出推廣菇食的生活空間。

菇事所的前身曾為建築師事務所，重新改裝後加入了木頭窗框與工業裸燈，而打開樓板的採光天井使老空間又重新煥發起來，恢復昔日的風采。徐小路兩夫妻原本從事與農業毫不相關的科技業與飯店業，九二一大地震的隔年，他們為了重振家鄉產業，決定回到老家研究太空包技術，並投入無毒香菇的栽種。「鹿窯菇事品牌成立了四年多，我們雖然達成通過歐盟有機認證的理想，卻發現年輕人很少下廚，不知道該怎麼食用香菇。」為此，他們決定在城市裡設立據點，透過料理與教學活動，讓年輕世代更加了解香菇這項食材。

在工業裸燈的溫暖光照下，散發溫暖的香菇餐點逐一上桌，有小路家傳苦茶油麵線煎、法國麵包搭配香菇醬的蘑菇球，而使用台茶十八號混合香菇水調成的有機香冬菇紅茶，那淡淡蜜香結合香菇的獨特氣息，更有種令人懷念的古早味。細細品嚐著，這才漸漸明白，香菇是許多料理不可缺少的底蘊，它的獨特風味或許早已記憶在台灣人的味蕾，成了很容易喚醒情感的家鄉味了吧。

5 4 | 1 2 | 6 3

1. 挖空樓板的天井，引入明亮採光。2. 簡約白色與木頭搭配，創造出家的溫馨感。3. 老美軍宿舍大改造，成了外觀酷炫的餐廳。4. 空間大改造後，氛圍截然不同。5. 徐小路希望人們可以在這裡悠閒享用美味。6. 苦麻油煎麵線有著令人懷念的滋味。

拍立得迷的硬派選物店
CameZa+

大受歡迎的老琺瑯。

提起台中的選物店，CamZa+算是無畏潮流，態度相當硬挺的一家店。CameZa+最初是在忠信市場內的拍立得workshop，空間的主持者阿德也是相當資深的老件迷，他長年投入所愛的癡迷終於在某日大爆發，因此有了CameZa+的誕生。

CameZa+數年前從忠信市場搬遷到五權五街的美軍老洋房裡，由店主親手設計並改裝的空間裡，使用了黑、橘、藍等極為大膽的鮮豔配色，表現出十足個性的選物態度。從早年推廣Dansk琺瑯老鍋與老北歐木家具，到後來推廣台灣新銳設計品牌，像是物外設計（Ystudio）、黑生起司、柒木設計（Kimu）等，店主的選物眼光不斷進化，甚至連令人震撼的Blom&Blom

‖ CameZa+
MAP：P.083-13
鄰近站名：五權西忠明南路口
地址：台中市西區五權西五街20巷7號
電話：0911-951-721
時間：週二至週四11:00～20:00、週五至週六11:00～21:00、週日11:00～20:00

2
4 3
6 5 | 1

1. 鮮明的建築外觀經過絕不會錯過。2. 二樓大桌擺著精心設計的禮物包。3. 老窗戶成了老琺瑯的展示平台。4. 就連一把剪刀也有設計態度。5. **Blom&Blom**工業燈展覽。6. 工業迷最愛的**Blom&Blom**桌燈系列。

巨型工業燈具也引進入店，並且專為品牌淨空設展，這些舉動讓人覺得實在有那麼一點點瘋狂。

經過這麼多年的實驗，CameZa+最難能可貴之處，就在於它的不改所愛，這裡仍舊時常舉辦拍立得相機工作營，也販售許多攝影相關道具，在攝影、家具、選物等獨特主題下所創造出氣氛，總是吸引人一再回顧、一再流連忘返。

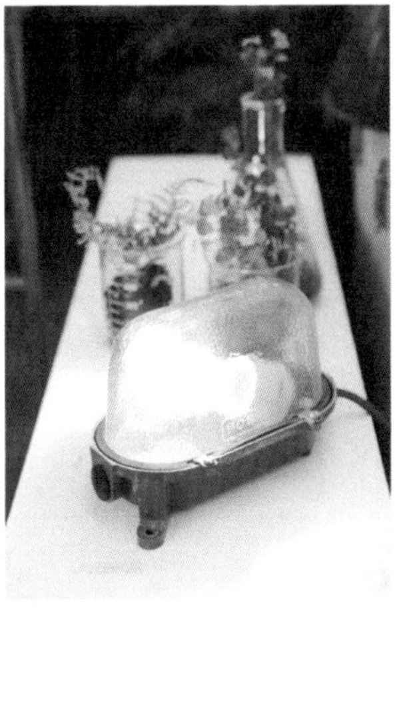

法國農場生產的蜂蜜，口味相當特殊。

來自南法的浪漫邀請
Bonbonmisha 法國雜貨

3 2 1
4

1. 宛如來到普羅旺斯的小店外觀。**2**. 法國大受歡迎的童話布偶。**3**. 琳琅滿目的商品，大多都是法國進口。**4**. 草編提籃是人氣商品之一。

來到民宅巷弄中的法式鄉村雜貨Bonbonmisha，花草圍繞的小店顯得悠閒愜意，植栽豐富的庭院搭配淺藍、淺綠門窗散發夢幻風格，讓人宛如置身電影場景。

打開紅色的祕密大門，走進被綠意包圍的小洋房，充滿南法風情的橡木酒桶和古老梵谷椅擺設，展現出法式鄉村獨有的古典優雅。Bonbonmisha是由遠嫁法國的台灣女生Misha和插畫家朋友Amelie共同經營，她們聯手打造的這棟夢想雜貨店，堅持專賣法國空運來台的選物，有法國藝術家創作的陶器、手作布偶、草編袋、服飾等，尤其是那擺在階梯上的草編鞋和跳舞鞋，不刻意造作的休閒度假風格，更是深受喜愛的長銷商品。除此之外，Bonbonmisha每年都會與法國酒廠或是當地農場合作，攜回當年度釀製的新酒，或是採集薰衣草和香草花蜜製成的普羅旺斯蜂蜜，可說是期間限定的南法風味。

Misha常將自己比喻成辛勤的蜜蜂，她總是不斷在南法小鎮各地尋尋覓覓，分享介紹自己所發現的有趣事物，讓擁有同樣喜愛的人們，也能在台灣享受舒適又美好的生活。

草編鞋是法國人夏日必穿的國民鞋。

|| Bonbonmisha 法國雜貨

MAP：P.083-14

鄰近站名：五權西忠明南路口

地址：台中市西區五權西五街 20 巷 6 號

電話：(04)2376-2125

時間：週日至週四 13:00 ～ 18:30、週五至週六 13:00 ～ 20:00，採預約制

忠信市場

販售藝術的菜市場

忠信市場是台中特有的藝術空間，這裡如同其名，原本就是一座傳統菜市場，在二〇〇九年左右開始有一群藝術工作者進駐，使得破落的老市場有了不同的面貌。忠信市場對街就是國立台灣美術館，官派與庶民兩者形成強烈對比，也格外有意思。

忠信市場興建於民國五十年代末，市場是由數排三層樓建築集合而成，上面住家、下面做生意的經營模式，使得這個菜市場保存了老態生活，在菜市場沒落之後，仍有許多老一輩人居住在此。最早進駐忠信市場的，應該算是藝術家邱勤榮所發起的無人櫥窗式藝術空間「黑白切」，隨後又有「小雨的兒子」、「Z書房」進駐，陸陸續續吸引年輕世代進到內場，開起各式各樣的實驗小店。

‖ 忠信市場
MAP：P.083-15
鄰近站名：美術館（五權西路）
地址：台中市西區五權西二街 14 號
電話：無
時間：各店營業時間不定

走逛老市場可感受昔日生活況味。

4 3 5 | 2 1

1+2. 老市場轉型成為藝術聚落。3. 老舊公廁大改造，如同普普風格上身。4. 不知不覺，市場也有不少飲食店進駐。5. 忠信民藝與奉咖啡都很值得一逛。

就像市場裡流動性格強烈的攤商，在世代快速交替之下，忠信市場裡的藝術結構也經過多次變化，從一開始的小路映画、CameZa+寫真庶務所、自己的房間性別書店、忠信民藝，如今加入較多商業性質的飲食小店與咖啡館，多元混雜的藝術生態仍舊可見。

上下游基地

友善小農雜貨舖

各種美味醬料絕不可錯過。

‖ **上下游基地**
MAP：P.083-16
鄰近站名：美術園道（五權五街）
地址：台中市西區五權西二街 100 號
電話：(04)2378-3835
時間： 10:00 ～ 18:00，週日休

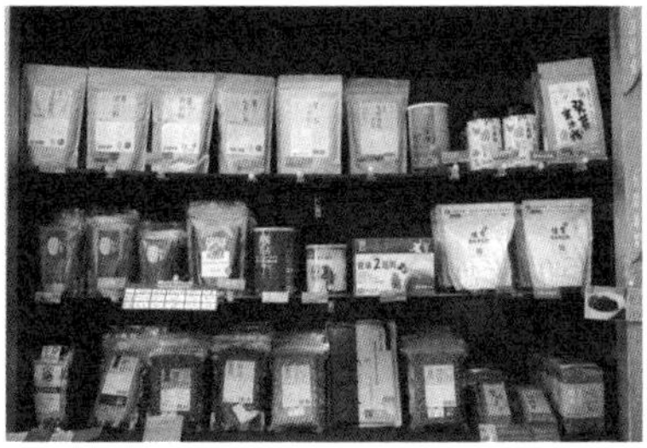

手工慢火細熬的玫瑰花醬。

敞開友善的大門，來到城市裡的農產雜貨舖，上下游基地在連鎖超市與傳統市場之外，提供消費者另外一種選擇，可以透過消費直接支持理念認同的食品。

上下游基地源自於由上下游News&Market（新聞市集），共同創辦的馮小非等人是一群關心台灣農業的公民記者，他們除了自己採集新聞之外，也提供農民寫作的分享平台；某個程度來說，上下游News&Market就好像是農業工作者的聯絡簿。二〇一四年，這個新聞平台進一步開設了實體店面，提供友善環境與安心食物。上下游基地絕大多數出自台灣本土，而所有產品都是經由團隊把關，雖不見得有標章認證，卻是在實地視察之下，確認符合小店標準才能上架。

走進小舖裡，手打的大銅燈散發出溫潤的光芒映照著大長桌，那上頭擺著琳琅滿目的農產加工品，兩旁的老櫃子裡則集合了各地醬園出品的豆油、蔭油、豆腐乳、瓜仔……而桌腳旁當地採收的蔬菜瓜果還帶有土地的氣息，走進上下游基地，就彷彿重回到古早柑仔店年代，人與土地又回到真實的關係。

5 4 6 | 2 3 1

1. 小店用古早購物袋為Logo，令人會心一笑。2. 從媒體平台發展而成的選物店。3. 長長的木箱陳列台，裝載來自各地的香料。4. 不只販售食品，也販售知識。5. 這裡堪稱最有型的雜貨店。6. 嚴選友善土地的台灣在地品牌。

溫暖迷人的宮崎駿小屋
MITAKA s-3e Café（小3e咖啡）

從樂群街轉進地址上的小巷，無法車行通過的這條窄道，幾乎令人懷疑裡頭是否還有房子；或者這只是又一次的撲空？在即將放棄之際，像是動畫裡常見的戲劇轉折，在森林盡頭總會有一棟美麗木屋，乍見MITAKA s-3e Café的感覺，大概就是類似如此吧。

暱稱為「小3e」這間咖啡館，是Jison（何基生）所創的第二間店。他從在街邊流浪賣行動咖啡，到後來上山拓荒開咖啡館，他以宮崎駿三鷹美術館為名，創立了人生第一家夢想咖啡館「MITAKA 3e Cafe」，如童話裡的溫馨木屋就座落在大肚山上，成為附近大學生相約欣賞夜景的熱門景點。不久前，他在城市裡覓點，在老屋裡開了風格截然不同的二店，主要是希望把MITAKA 3e Café的精神帶到都市裡，更貼近人們的生活。

2
4 3 | 1

1. 如同宮崎駿卡通的溫馨場景。2. 仿自古代教堂椅的坐具，是老闆的精心設計。3. 一樓是老闆娘經營的服飾精品小舖。4. 因為喜愛老屋，不惜花費時間重修。

新店延續了MITAKA 3e Café特有的溫暖調性，質感溫潤的Meister Hand咖啡杯裝盛著熱拿鐵，那上頭漂浮著創意拉花，總能為人帶來喜悅；而二店另外提供的限定早午餐也相當豐盛，不吝惜使用日本手感陶器粉引六魯花盤來裝盛，從空間到道具的講究態度，在這裡也一樣被體現了。

可愛拉花是這裡的
一大特色。

分量滿滿的鬆餅是
這裡的招牌。

‖ MITAKA s-3e Café（小 3e 咖啡）
MAP：P.083-17
鄰近站名：五權柳川西路口
地址：台中市西區五權路 2-201 巷 8 號
電話：(04)2376-1931
時間：週二至週五 10:00 ～ 18:00、週六及週日 10:00 ～ 18:30，週一休

激推甜點麵包聖典

餐飲業是支撐台中經濟的主力，從早期主題餐廳到現在的烘焙料理蔚為風潮，台中人除了勇於締造新風，更孕育出許多美好與精緻。當今話題最熱的CJSJ法式甜點、具有超級新星稱號的L'atelier du Bon Pain、吳寶春為老師的堂本麵包、或是光靠一味青蔥麵包就征服天下的羅芙烘焙坊，台中人也指名非買不可的超人氣甜點麵包通通報你知、快來和美味一起散步吧！

墨魚佐蒔蘿蕃茄

紫珊瑚地瓜丹麥

蹦胖麵包坊
L'atelier du Bon Pain

延攬麵包大師吳寶春的弟子，同時也是獲得法國世界麵包大賽「甜麵包特別獎得主」的武子靖麵包師進駐，這裡的麵包如同空間給人的高級感，呈現相當華麗的路線，像是如花盛開的紫珊瑚地瓜丹麥、猶如海岸水草的墨魚佐蒔蘿蕃茄、使用針管注入酒液的波特巧克力等，設計精美的甜麵包讓人不僅有味蕾的享受，在視覺上也相當滿意。招牌「墨魚佐蒔蘿蕃茄」融入墨魚醬的麵糰，加入自製半乾油漬番茄、起司、洋蔥等，外觀插上一支綠色蒔蘿，整體視覺相當搶眼，滋味也不錯喔！

蹦胖麵包坊 L'atelier du Bon Pain
MAP：P.083
鄰近站名：美術館（美村路）
地址：台中市西區五權西路一段 111 號
電話：(04)2376-8829
時間：08:00 ～ 22:00，無休

巴蕾麵包

明太子奶油餐包

巴蕾麵包在台中創立將近十年，擁有數家分店，是台中數一數二高人氣的麵包坊。芭蕾麵包的麵包款式相當多元，融合了日式、歐式精神，且在視覺呈現上相當講究，每款都能讓人食指大動。超受歡迎的裸麥麵包，使用日本全顆粒裸麥粉，加入葡萄乳酪、櫻桃核桃或核桃桔子等佐料，降低糖與奶油的比例，健康又好吃。店內也不時推出新口味，像是同步引進日本大流行的明太子奶油餐包、鹽奶油餐包、鹽可頌等，都是每來必買的人氣款。

巴蕾麵包
MAP：P.083
鄰近站名：美村五權五街口
地址：台中市美村路一段 598 號（美村店）
電話：(04)2378-0108
時間：10:30～21:00

裸麥麵包

堂本麵包

堂本麵包
MAP：P.083
鄰近站名：忠明南五全西路口
地址：台中市西區五權五街 210 巷 26 號
電話：(04)2376-3220
時間：12:00~21:00

艾許鹹可頌

菠蘿麵包

由知名麵包師陳撫洸所創立，雖無華麗裝潢與顯眼招牌，卻以真材實料的美味聞名，讓許多台中人豎起姆指稱讚。真心推薦菠蘿麵包與艾許鹹可頌，前者雖然看似極為平常，但在陳師傅的創意下使用了有別傳統的麵糰組合，烤出龜裂漂亮的麵包殼，香氣十足。同樣樸實的艾許鹹可頌，一樣有著爆炸性的美味魔力，柔軟的麵包組織充斥著奶油香，表面撒上的鹽粒增添層次，甜鹹滋味怎麼吃都不膩！

羅芙烘焙坊

開在小巷子裡、非常難停車、而且每天營業時間只有短短六小時，但幾乎一出爐就會在二小時完售的這間麵包店，堪稱台中烘焙界的傳奇；但是更加傳奇的是，這家店什麼都不賣，就只賣「藏阿胖」（台語青蔥麵包之意），就能引起排隊風潮，簡直是不可思議！羅芙烘焙坊的青蔥麵包使用老麵機發酵，麵包軟綿濕潤，加上大量爽脆青蔥烘烤，純天然的香甜滋味令人難忘。特別要提醒，多數人為了青蔥麵包而來，但不定期推出的其他口味麵包，像是奶酥、菠蘿、司康等，絕對是比青蔥麵包更難吃到的隱藏版！

羅芙烘焙坊
MAP：P.171
鄰近站名：向上大墩路口
地址：台中市南屯區大英西二街 71 號
電話：(04)2328-3829
時間：15:00～20:00，週六及週日休

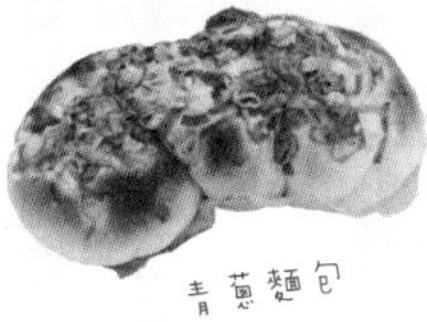

青蔥麵包

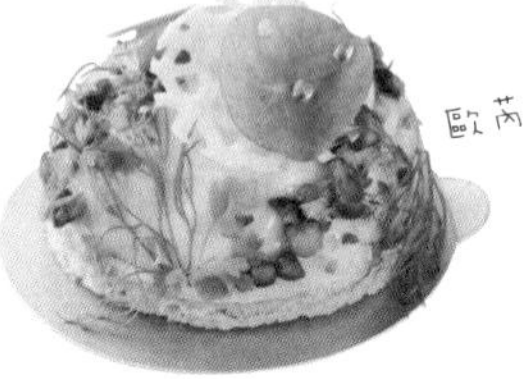
歐芮卡法式小蛋糕

樂沐糕餅舖

樂沐糕餅舖

MAP：P.083
鄰近站名：土庫停車場（國美館）
地址：台中市西區存中街 40 號
電話：(04)2378-2011
時間：11:30 ～ 19:30

由樂沐法式料理的甜點主廚所主持的蛋糕舖，將原本法式料理供應的盤式甜點轉換為小蛋糕，讓人隨時都能享受到主廚的創意。例如招牌小蛋糕「歐芮卡」融合蔬菜食材創作的蛋糕，使用了小黃瓜、茴香、蘋果作為素材，內餡有茴香糖水煮過的茴香根、小黃瓜吉利丁，吃來相當脆口；加上香氣濃郁的蛋糕底層，以及茴香草、開心果、白巧克力等裝飾，宛如一個氣質優雅、內在卻讓人驚艷的青春女孩。

AGIO Chocolates 愛其歐巧克力

MAP：P.171
鄰近站名：黎明環河路口
地址：台中市西屯區環河路 37 號
電話：(04)2254-1456
時間：週三至五 13:00 ～ 18:00，週六及週日 13:00 ～ 19:00

AGIO Chocolates
愛其歐巧克力

提到台中甜點店，AGIO 毋庸置疑是首選。AGIO 的甜點師資歷極深，甜點風格相當洗鍊，他擅長以巧克力來詮釋甜點，手法不落俗且成熟，每一款甜點的記憶度都非常高。像是經典款的「萬花嬉春」用 70% 比利時巧克力結合黑醋栗、抹茶，「巧克力起士布朗尼」則是加入疊義式乳酪，極簡造型可見巧克力塑形功力。

萬花嬉春

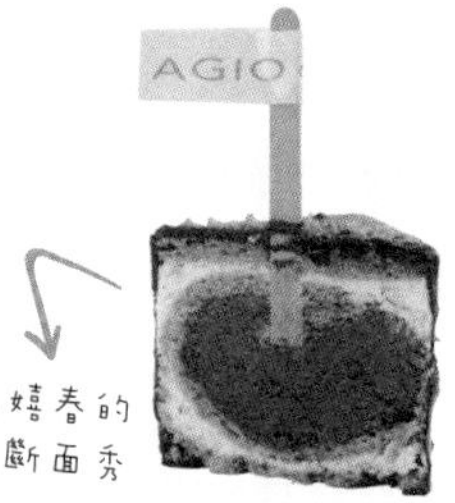

萬花嬉春的精彩斷面秀

檸檬洋菓子

由年輕女甜點主廚張倚嘉開設的檸檬洋果子，是一間融合法、日風格的甜點店。張倚嘉的甜點具有一分女性特有的浪漫與細膩，像是招牌「布列塔尼的艷陽下」取自法式可麗餅的靈感，加入葡萄柚、百香果與柑橘搭配的內餡，滋味讓人聯想到南法風光。另外，以泡芙結合玫瑰慕斯的「玫瑰夫人」、酒香巧克力與芒果搭配的「孟加里」，還有令人百吃不厭的「第十七號檸檬塔」，都是來店必點之作。

布列塔尼的艷陽下

新作捲蛋糕

檸檬洋菓子
MAP：P.082
鄰近站名：光明國中
地址：台中市西區康樂街 19 巷 22 號
電話：(04)2220-0236
時間：週三至日 10:30 ～ 18:00

Belle Journée 貝爵妮法式點心坊

隱身在精誠五街的貝爵妮法式點心坊，創辦人兼主廚葉如茵曾到日本辻製菓專門學校習藝，受過日本文化的沾染薰陶，讓她的法式甜點具有一分深邃的和風韻味，例如「宇治紅豆慕斯」、「玉露柚香」都可見如此特質。招牌「法式千層」以手作派皮與香草泡芙佐上榛果醬、經典香草卡士達等，多層次滋味堆疊，視覺與味覺皆令人滿意。除了小蛋糕之外，貝爵妮法式點心坊另外還提供舒芙蕾、火山熔岩等內用限定的熱甜點喔！

檸檬塔

招牌法式千層

Belle Journée 貝爵妮法式點心坊
MAP：P.039
鄰近站名：忠明南精誠七街口
地址：台中市西區精誠五街 34 號
電話：(04)2320-8297
時間：11:00 ～ 21:00，週四休

1% Bakery

近期開幕的 1% Bakery 是一間以外帶為主的甜點店，主要產品為台灣人喜好的乳酪蛋糕，將其縮小成為迷你的小蛋糕樣式，並且加入多種新奇口味，像是檸檬乳酪、紅豆麻糬、玫瑰荔枝、黑芝麻、桑椹等，讓乳酪蛋糕表現得更加精緻。人氣招牌自然是「1% 檸檬乳酪蛋糕」，乳酪入口即化有冰淇淋的口感，酸甜的滋味更令人難忘！另外「特濃芋頭乳酪蛋糕」加入鬆軟的大甲芋泥，入口潤滑，香甜不膩，完全是芋頭控絕不能錯過的絕品甜點！

玫瑰荔枝口味乳酪蛋糕

1% Bakery
MAP：P.039
鄰近站名：公益東興路口
地址：台中市西區公益路 371 號
電話：(04)2310-7900
時間：12:00 ～ 21:00

CJSJ

由法國甜點主廚 Soriano Joaquin，協同料理主廚身分的妻子 Ms. Chuang Ju（莊如）合作創立的甜點店 CJSJ，融合高度技術的美味呈現。招牌「櫻桃巧克力」是由外殼、內餡、鏡面所組成，櫻桃內餡經過反覆處理手法，而外殼灌模更是一門高技術。另外極為美型的「布列斯特」則是顛覆了人們對於泡芙的概念，塔型的泡芙加上榛果甘納許擠花，讓這朵如花綻放的甜點散發出香濃的氣息。除了小蛋糕之外，盤式甜點也十分精彩，且主廚不安於既定模式，口味與款式經常推陳出新，每一次來都有不同驚喜。

櫻桃巧克力

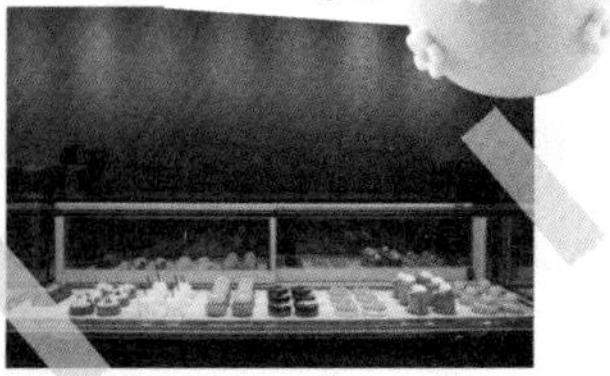

照片提供：CJSJ

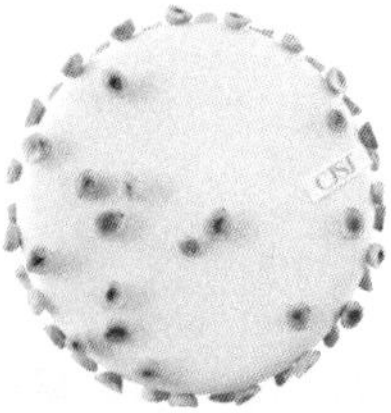

優雅造型是一大特色

櫻桃巧克力的變化版

CJSJ
MAP：P.039
鄰近站名：英才郵局
地址：台中市西區向上路一段 79 巷 72 號
電話：(04)2301-6996
時間：12:00 ～ 18:30，週一休

Terrier Sweets 小梗甜點咖啡

Terrier Sweets 小梗甜點咖啡
MAP：P.039
鄰近站名：廣三 SOGO（美村路）
地址：台中市西區明義街 52 號 403 號
電話：(04)2319-8852
時間：12:00 ～ 20:00

小梗的甜點主廚Lewis是由加拿大藍帶廚藝學院畢業，他的甜點創作風格大膽新穎，不僅在甜點外型上搶眼，口味更擅長使用衝突感強烈的食材來做搭配，時常可見新意。像是招牌「純粹」以分子廚藝概念將哈密瓜分解重組，結合百香果、哈密瓜、小黃瓜等，「曖昧」則是以玫瑰、荔枝、覆盆子這三種味道組合，滋味都相當有趣。

曖昧

2F陽台

純粹

貪婪

LE Miel 覓蜜廚房

覓蜜廚房沒有內用座席，是專門提供宅配與外帶的蛋糕點。年輕的女主廚自國外習藝回來，開設了這間以「塔」為主題的甜點店，主要產品都是六吋大小，適合多人分享食用。覓蜜廚房最招牌的口味是「檸檬綿花糖塔」，檸檬餡底藏著綿花糖，軟中帶Q的口感很有趣。另外，少見的「楓糖胡桃塔」是台灣甜點店極少出現的口味，使用大量整粒胡桃與楓糖醬鋪滿塔面，爽脆甜蜜的堅果口感實在太讓人上癮！

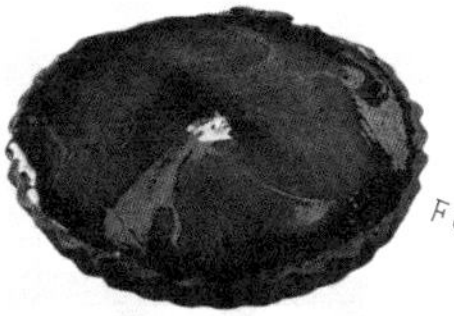

Feve de tonka
巧克力塔

檸檬塔

鄉村蘋果塔

楓糖胡桃塔

LE Miel 覓蜜廚房
MAP：P.039
鄰近站名：忠明高中
地址：台中市西區中美街 636 號
電話：0953-508-879
備註：工作室不對外開放，甜點請以電話訂購

舊城復興！老建築再生的新感受

中區 & 南區 & 東區

台中火車站所在的中區，過去曾經是台中最繁華富庶的區域，但隨著都市發展移轉，這裡沒落了好一陣子。所幸，在當地企業的有心經營下，宮原眼科、第四信用合作者兩大建築活化，加以台中車站新站落成與柳川藍帶水岸整治完成，中區可說是正式發出復出聲明！

走進老城區，沿著中山路前行，有金工藝術家所創的Chichic七柒，亦有老字號新創的幸發亭，以及設計師所開的大小商店：生活起物、Fukurou living、Vision Art等，新舊交融出迷人的氛圍持續蔓延到東區，尤其是走進古色古香的日治木造建築群裡，更能再次感受日治時代「小京都」之稱的風華。要是穿過新盛橋（中山綠橋），往南區方向移動，這裡還有號召小吃革命的盛橋刈包、川子麵線等，而舊酒廠改造而成的台中創意園區，同樣也是創意能量高密度聚集的所在。

❶ 陳彫刻處／**COMMA**
❷ 黝脈咖啡
❸ 幸發亭
❹ 生活起物／**trace**
❺ **Fukurou living** 由鬮生活
❻ **Chichic** 七柒
❼ 台中市第四信用合作社
❽ 盛橋刈包＆川子麵線
❾ 宮原眼科
❿ **20** 號倉庫
⓫ 台中文化創意產業園區
⓬ 山時作 **SenseProject**
⓭ **Reborn Antique** 古董雜貨鋪
⓮ 食いしん坊

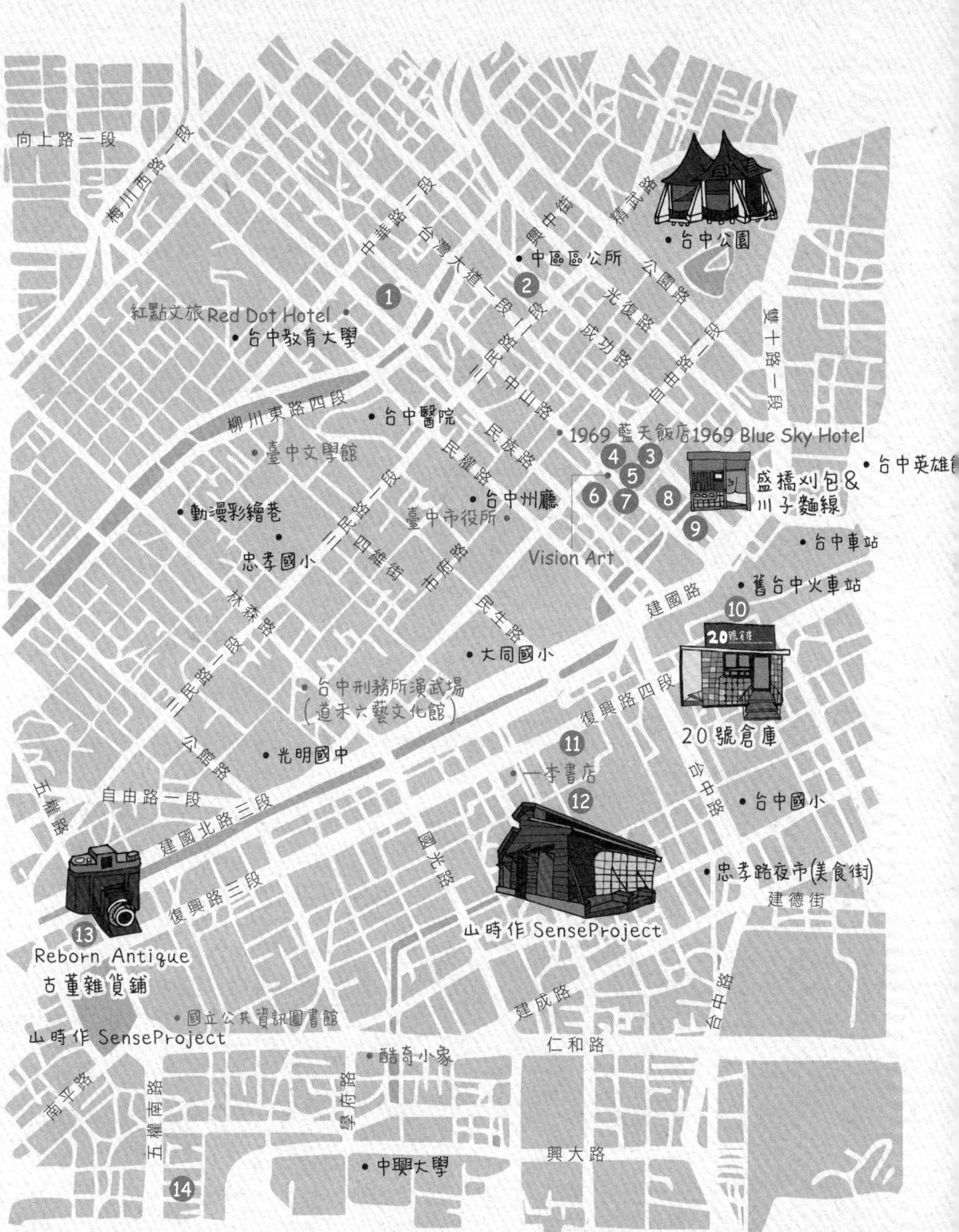

向上路一段
梅川西路一段
中華路一段
台灣大道一段
興中街
精武路
台中公園
中區區公所
1
2
紅點文旅 Red Dot Hotel
台中教育大學
三民路二段
中山路
光復路
成功路
公園路
自由路二段
雙十路一段
柳川東路四段
台中醫院
臺中文學館
民族路
民權路
1969 藍天飯店 1969 Blue Sky Hotel
3
4
5
6
7
8
9
盛橋刈包 & 川子麵線
台中英雄館
台中州廳
臺中市役所
動漫彩繪巷
忠孝國小
三民路一段
四維街
市府路
Vision Art
台中車站
舊台中火車站
建國路
10
20號倉庫
林森路
民生路
大同國小
台中刑務所演武場 (道禾六藝文化館)
復興路四段
11
一本書店
12
三民路一段
公館路
光明國中
台中路
台中國小
五權路
自由路一段
建國北路三段
國光路
忠孝路夜市(美食街)
建德街
13
復興路三段
山時作 SenseProject
Reborn Antique 古董雜貨鋪
建成路
台中路
國立公共資訊圖書館
山時作 SenseProject
仁和路
酷奇小象
南平路
五權南路
學府路
興大路
中興大學
14

老匾額店的創意回春術

陳彫刻處／COMMA

中區算是台中的老城區，過往聚集的許多產業雖已不復見，但在偏靠柳川一帶的住商混雜區裡，仍舊可找尋些許蛛絲馬跡，陳雕刻處即是其一。

陳彫刻處是一間八十年歷史的老字號木雕店，第一代店主自鹿港習藝出師，早年曾到剝皮寮從事傳統窗花雕刻，回到台中則改以客製雕刻器具為主，第二代陳文才先生亦傳承手藝，持續鑽研；數年前在第三代陳希彥和妻子韓惠菁的投入之後，加入了「COMMA」品牌概念，推動生活化物件雕刻小物創作與木工學習體驗等，希冀透過各種方式來延續父親的手藝。

在老師傅與年輕團隊的創意之下，老雕刻店重整空間，使用老匾額打造的天花板、樓梯、板凳等，加上牆面層架陳列的佛教用具、糕餅模具等，無形訴說老店的歷史。陳雕刻處透過空間示範木作技術讓老舊材料回春的創意，並且擔負起教育工作。老師傅每週六固定開辦手刻習作課，甚至與教育單位合作，帶領小學生從拜魯班公到玩手刻、練氣動筆、貼金箔等，不設限的經營模式讓老空間因此變得好玩起來。韓惠菁說：「創新不是捨棄傳統。」陳雕刻處希望在不變中找變化，在變化中找回傳統。

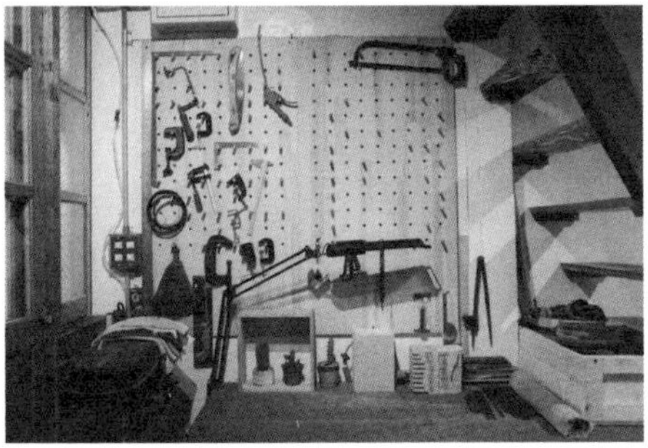

2 3 5 4 | 1

1. 用老門片回收打造的空間讓老店新生。**2.** 現場可見陳師傅的雕刻工具。**3.** 猜猜看有哪些素材是用舊料回收改造的？**4.** 現場展示陳師傅的手刻創作。**5.** 傳承木工藝是陳師傅的使命。

‖ 陳彫刻處／COMMA
MAP：P.125-1
鄰近站名：台灣大道中華路口
地址：台中市中區仁愛街 8-7 號
電話：0936-827-189
時間：09:00～18:00，週日休

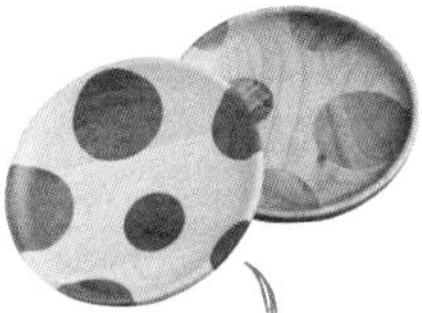

貓咪疊疊樂（cat pile）與菇菇木盤是 COMMA 的熱銷商品，在文博會、日本國際文具展上大受好評。

陳師傅將老店故事融合在創作中。

黝脈咖啡

西洋古董咖啡藥局

前身是「何藥局」的黝脈咖啡，巴洛克風格的紅磚外牆上仍可見「西漢丸散、蔘茸燕桂」的浮雕字體，老建築曾經易主西餐廳，斑駁立面寫滿滄桑歲月，在經過多次改裝之後，去年底才由咖啡玩家蔡曜陽租下重修，成為老鄰居串門談天，一起思念城裡舊事的地方。

蔡曜陽原本在軍職擔任研發人員，因為自身對機械的專業與愛好，使他迷戀上古老咖啡機，默默研究收藏古董多年，不知不覺也愛上了咖啡。退役後，他在因緣際會之下發現這裡，於是將老房子結合喜好，打造成一棟具有展覽與錄音工作室的咖啡空間。走進黝脈咖啡，最讓人驚喜自然是蔡曜陽的收藏品，像是來自法國老飯店的一九二〇年外置粉杯摩卡壺、一九六〇年代餐廳專用的大型自動沖煮美式機，門口甚至還擺著一台維多利亞（Vittoria）噴火龍烘豆機。

事實上，這些老設備都不是只擺著好看而已，經過蔡曜陽的巧手修復或改造，已成為可以實際應用於沖煮的活古董。蔡曜陽說：「從前設備的設計觀念其實很先進，一點也不會輸給現代設備。」黝脈咖啡不只復活了老空間，也復活了古老的咖啡經驗。

早年特殊的牛奶玻璃咖啡壺。

‖ 黝脈咖啡
MAP：P.125-2
鄰近站名：仁愛醫院（台灣大道）
地址：台中市中區成功路 253 號
電話：0982-275-203
時間：11:00 ～ 02:00

4
7 5 3 1
6 2

1. 牆上展示著各年代的老咖啡壺。2. 華麗的咖啡機讓人見識到咖啡器具之美。3. 老藥局曾為西餐廳，誇張拱廊可見當年流行風格。4. 各種稀奇用具都可把玩。5. 散發美麗光澤的古董器具，十分吸引目光。6. 就連烘豆機也是古董品。7. 蔡老闆用咖啡喚醒老空間的生命力。

幸發亭

老台中的記憶尋味處

空間裝飾著古董刨冰機。

說起老字號的「幸發亭」蜜豆冰，那可是老一輩台中人的共同回憶。老店自一九三八年起推車四處叫賣，直到在第一市場擺攤設店，將香蕉油口味刨冰加進蜜豆與新鮮水果等配料後，意外成了高人氣的甜點，據說還曾創下一天萬人光顧的盛況。

一九八七年因為第一市場改建之故，老店只得搬遷更址而漸漸遠離中區，一直到二〇一一年在設計師吳傳治的協助下才重返。老舖新開之後，幸發亭以馬賽克磁磚搭配老窗花、欄杆等元素打造出新潮的復古風，讓人彷彿時光倒流回到舊電影中冰菓室的場景。除了空間復刻，幸發亭也致力保留美好傳統，使用老派甜點盤裝盛冰品，而冰品配料仍舊維持自製風味，無論紅豆、花豆、蜜番薯、鳳梨蜜餞等，每一種都寄存著台灣人熟悉的古早味。

吃著幸發亭蜜豆冰，煮得綿密幾乎入口即化的蜜豆，配上香蕉油糖水香氣和水果的清爽滋味，歷久彌新的美好，讓年輕人也重新愛上傳統好味道。欣賞牆上張貼的老照片與角落展示古老的初雪刨冰機、腳踏車和影院木椅，不禁令人想起阿公阿嬤的年代，從前人們在冰店約會戀愛，在這年代還能體驗此種舊式浪漫，也算是生活在台中的幸福吧。

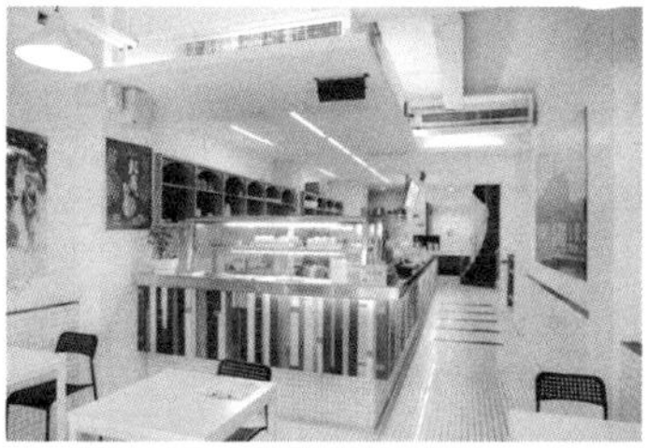

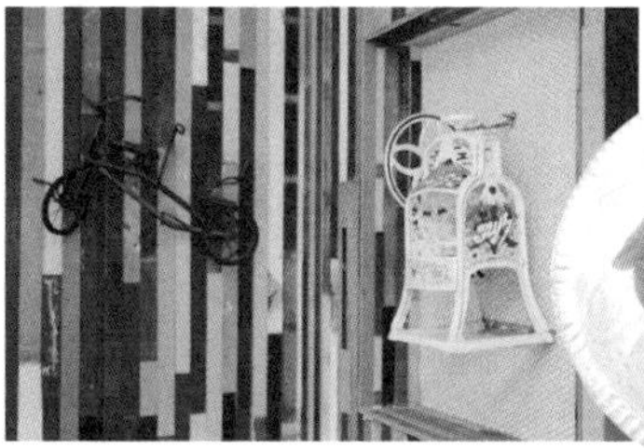

招牌蜜豆冰是來店必定品嚐。

幸發亭
MAP：P.125-3
鄰近站名：彰化銀行
地址：台中市中區台灣大道一段 137 號
電話：(04)2229-3257
時間：10:00 ～ 22:00

4 2 3 1

1. 老店重新開幕，建築設計也別出心裁。2. 融合復古時尚的冰菓室空間。3. 用老木料與古董打造的空間，十分有趣。4. 老相片與復古地磚勾引起時代記憶。

收集台灣設計不思議

生活起物／trace

台灣設計師創作的木時鐘。

‖ 生活起物／trace
MAP：P.125-4
鄰近站名：中山自由路口
地址：台中市中區中山路 88 號
電話：(04)2229-7708
時間：週二至週五 13:00 ～ 20:30、週六 11:00 ～ 19:00，週日及週一休

生活起物是由 _ink Design 所成立的設計選物店，最早是以 Pop-Up Shop 形式出現在勤美術館，而這個實驗性空間逐漸延伸成為常態，而今也在中區開設第二間分店，成為國際設計與台灣設計的交流場域。

生活起物的策劃者莊騏鴻，同時也是 _ink Design 的設計師之一，他因為遊走於產品、空間、平面視覺等設計領域，結識許多在海內外從業的設計師，因此希冀藉由選物店介紹許多不可思議的台灣設計給大眾。

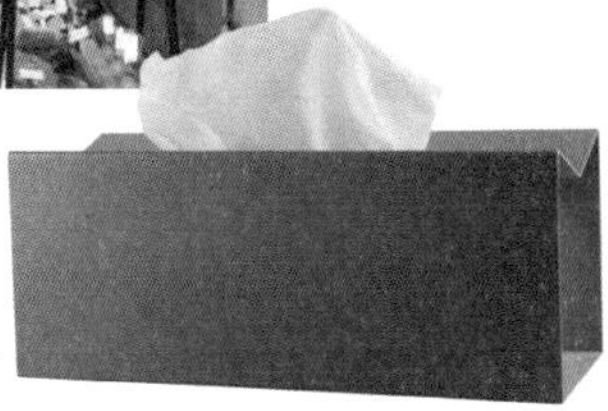

chihongcasa的
極簡面紙盒。

走進生活起物，你會發現許多極為趣味又極富當代風格的設計，竟然都是出自台灣設計師之手。例如，東海醫院的器官杯、CHENKARLSSON知名的Favorite things吊燈、路力家設計的木皮桌上鐘、由雪文洋行結合花窗圖騰的創意茶皂、moorigin設計的銀杏飾品等。

走逛欣賞之餘，你還可以買一杯很有態度的瓶裝咖啡OKEY COFFEE來喝，而提供休憩的高腳椅則是由_ink Design所創立的家具品牌chihong！在生活起物可說是處處都充滿了驚喜！

4 2 3 | 1

1. 低調櫥窗裡頭藏滿了精彩。2. 光是牆面也是一道美麗的風景。3. 店內空間不大，商品卻琳琅滿目。4. 生活起物的選品範疇也包含傢俱。

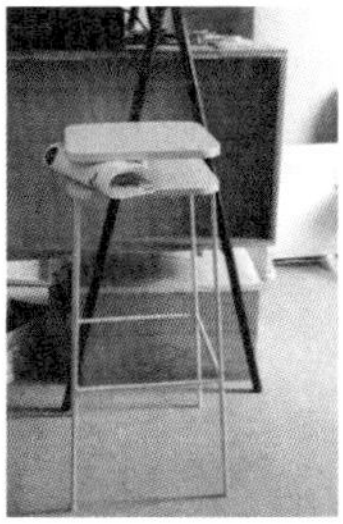

出自chihongcasa
的吧檯椅。

一日紳士美學體驗

Fukurou living 由朤生活

現正流行的油頭
商品這裡也有。

‖ Fukurou living 由朤生活
MAP：P.125-5
鄰近站名：中山自由路口
地址：台中市中區中山路 86 號
電話：(04)2225-3288
時間：11:00 ～ 20:00，週一休

4 3 | 1 2 5

1. 走進店內即可感受濃濃英倫風。2. Fukurou living 創造一派優雅的紳士風格。3. 香氛選品也很值得推薦。4. 二樓有服飾與理髮部門。5. 逛累了可在一樓大桌享用小點與咖啡。

深藍色店面的 Fukurou living，光是外觀就給人非常英倫式的想像，這是一間以紳士為主題的概念商店，複合了選物、藝廊、Hair&Barber，甚至還提供鞋履與時裝訂製服務。

整體風格相當「大人味」的 Fukurou living，負責人 Damian 具有深厚的設計藝術背景，他曾經在私人美術館任職，負責過多場大型策展活動，而在他所經營的這個兩層樓空間中，不啻是濃縮了他長期以來對於美學與生活的看法。Damian 表示，Fukurou living 著重原創精神，慎選質感精緻、非大量複製的設計；Fukurou living 的選品除有來自國外的 TID Watches、SIMON&ME、Empire Apothecary 等，更有許多是 made in Taiwan 的品牌，像是陳敬凱的手工皮鞋、李倍的服裝、Rin 的皮革等，這些強調手工訂製的商品，都是一般百貨公司所沒有的。

此外，Damian 為了滿足消費者的一日美感生活，特別在空間二樓規劃了 Hair&Barber，而這獨有的部門除了提供精緻的理容服務之外，也有專屬男士的選品櫃，可說是台中選物店獨一無二的設計。

簡約不失優雅的手工鞋訂製。

金工藝術家聯盟平台
Chichic 七柒

藝術家創作
的陶杯組。

‖ Chichic 七柒
MAP：P.125-6
鄰近站名：中山自由路口
地址：台中市中區中山路 77 號
電話：(04)2223-2107
時間：13:00 ～ 21:00，週一休

中區昔日是台中的首善之區，聚集的高級商舖自然不少，珠寶銀樓舶來洋行店招牌高掛，那光景可稱貴氣昂昂。隨著人潮離去又復回，這間老珠寶行緊閉已久的大門又被重開，由新一代接手之後的空間，成了融合展覽、選物與教學的金工藝術平台。

七柒是由三位金工藝術家曉婷、蒼玄、俊龍所成立，他們皆來自台南藝術大學應用藝術研究所，主修首飾、珠寶與金屬創作；在經過一番歷練之後，他們為了回到金工創作的本質，於是聚合在一起創業。曉婷說：「台灣金工藝術在國際比賽近年表現傑出，雖然質量兼具，卻鮮為人知，而我們希望能透過七柒，推廣台灣當代首飾。」透過三位藝術家的觀點，七柒的選物集合了陶瓷、金工、纖維藝術等不同領域的飾品創作，像是趙永惠的鐵皮創作、江枚芳的鋁陽極創作，此外並有盧嬿宇與楊宗嘉的陶藝作品，以及纖維藝術家陳穎婷使用鐵鏽染的織品設計。

在小小的工作室裡頭，還設有六席教學座位，人人都可以預約前來上課，在金工藝術家的指導下，短短一個半小時就可完成作品，可說是體驗金工藝術的最佳入門管道。

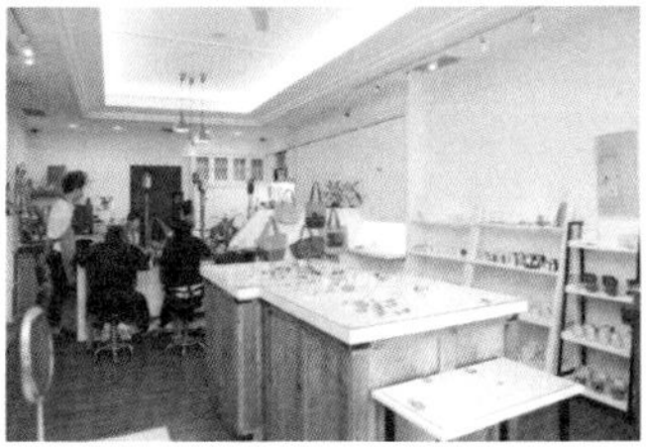

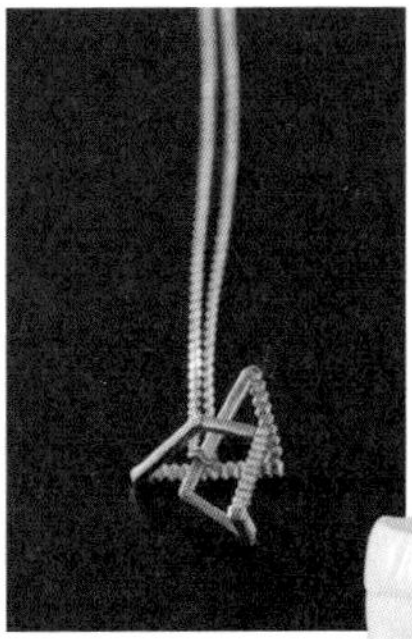

2
3 1
54

1. 由金工設計師創立的七柒充滿了清新感。2. 七柒集合金工、陶藝、織品等不同領域創作。3. 店內也提供金工教學體驗。4+5. 打破金工刻板印象，藝術家嘗試用各種不同思議元素來表現當代飾品。

江枚芳的鋁陽極創作。

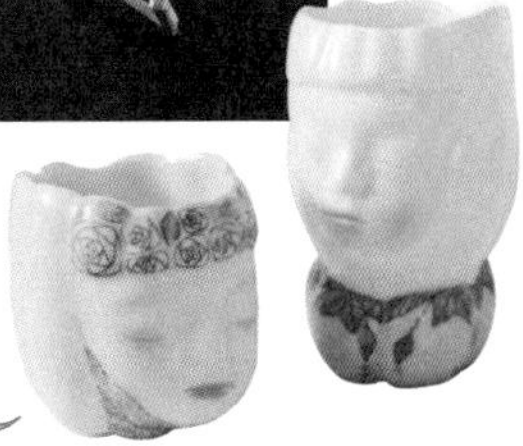

每張臉都有故事的人臉杯。

台中市第四信用合作社

到老銀行吃冰補財庫

1. 老銀行華麗變身，成為賣冰呷涼的好所在。2. 華麗復古風格令人震撼。3. 空間設計大玩工業混搭，有另類奇幻感。4. 呼應宮原眼科，這裡也有一株金屬打造的梅樹。5. 二樓空間融合非洲元素，風格更加狂野。

簡稱「四信」的第四信用合作社，是糕餅品牌「日出」繼宮原眼科之後又一相當震撼的空間代表作。不過，四信的風格上卻很不同，若說宮原眼科保存舊時代的溫潤光輝，四信則是一整個酷到底的工業風。

誠如店舖名稱，四信原先就是一棟銀行建築，其建築興建於民國五十五年，為鋼筋混凝土造，原始外觀有著極為特殊的斜窗設計與藍色小口磚飾面，帶有些許Art Deco風格。重新改裝之後的四信，門面敲除部分老舊飾面，以裸露鋼筋水泥搭鑲嵌金庫大門、黑鐵玻璃窗，在粗獷風格之下隱約呼應空間歷史。

玻璃罩內展示著冰磚甜品。

走進內部，華麗的水晶吊燈與西洋古董家具相互搭配，復刻出貴族想像的奢華氣息，在那時尚前衛的裝潢風格之下，採用舊鐵管焊接而成的樹枝裝飾，則是與宮原眼科的交趾陶老梅樹遙相呼應。

儘管販售商品大致上與宮原眼科無異，但四信仍舊堅持做出新意，不僅推出台中最具代表性的豐仁冰，創新冰品也走誇張路線，大冰磚裝盛著水果冰淇淋、新鮮水果、水果凍等，爆炸性的分量與視覺感，相當豪氣。

‖ 台中市第四信用合作社
MAP：P.125-7
鄰近站名：中山自由路口

地址：台中市中區中山路 72 號
電話：(04)2227-1966
時間：10:00 ～ 22:00

盛橋刈包&川子麵線

走出台灣小吃新體制

刈包夾炒麵充滿創意！

在台中火車站前的中山綠橋，原名為「新盛橋」，橋樑興建於日治時期明治四十一年（一九〇八年），為連通綠川町及橘町兩地，是為了慶祝台灣中縱貫線鐵路通車而修築，可想當年這裡的人潮曾是多麼絡繹不絕。

隨著中區復甦，新盛橋畔也跟著活絡，新開張新盛橋行旅騎樓下多了兩間有意思的小店「盛橋刈包」與「川子麵線」，而這兩間名字很有日本風情的立呑小店，則是系出同一團隊的創意之作。盛橋刈包背後的經營者是數位來自不同領域的朋友，核心人物之一的史奈普本身出自文創產業，她曾在泰國長居一段時間，長期觀察當地攤車文化，深深覺得台灣小吃應有更多可發揮的可能性。

回到台灣之後，史奈普與幾位朋友共同創業，計劃針對四種台灣小吃進行改革，刈包與麵線就是最先著手的項目。盛橋刈

包與川子麵線皆是開在騎樓下，史奈普引入日本「立食」站著吃的概念，加上自助點餐的糧票販賣機等新穎設備，讓攤車取食更加簡單明瞭。在空間設計上，盛橋刈包融入大量台日老件，營造出濃濃的復古風情，而川子麵線則是將傳統水泥花磚等元素做了比較現代的演繹。

小吃革命的重點自然是在食物上，盛橋刈包試圖用刈包來訴說台中的老滋味，類似日本炒麵麵包概念的「東泉炒麵刈包」，把台中道地的早餐包進裡頭，加上台中人熟悉的東泉辣椒醬與肥腴鹹香的肉燥，兩種古早食物衝擊融合，威力只有「一口嗑盡」可以形容。除了演繹傳統之外，史奈普也加進「台味西吃」的想法，推出櫻花蝦起士薯刈包，或是把刈包皮油炸過後，包進紅豆與冰淇淋等，做成滋味冰火的甜食。

2 | 1

1. 川子麵線融合日式與中式的店面設計。2. 從日本搬回的古董家具，讓人走進盛橋刈包就好像穿越時空。

盛橋刈包的創新手法甫推出即引起騷動，開幕至今幾乎天天人龍，假日時更幾乎快繞了街廓一圈。二〇一七年三月，團隊再度祭出小食立吞二部曲，川子麵線改變傳統麵線的配料方式，不再是大腸與蚵仔的固定角色，而是換上鹹酥雞、香腸、巴薩米克醋菇等，而飲品除了搭配自製奶茶、日本汽水，甚至提供台中才有的羅氏秋水茶，雖是小吃卻融入了多種元素。

除此之外，川子麵線所用的醬料，都是台中在地百年老字號：大越醋、瑞益香油、東泉辣椒醬，這三家老店加起來就有三百年歷史，而史奈普把這些濃縮在一碗裡，對於想嚐鮮的外地旅客來說，可在這一碗裡飽食台灣味道。

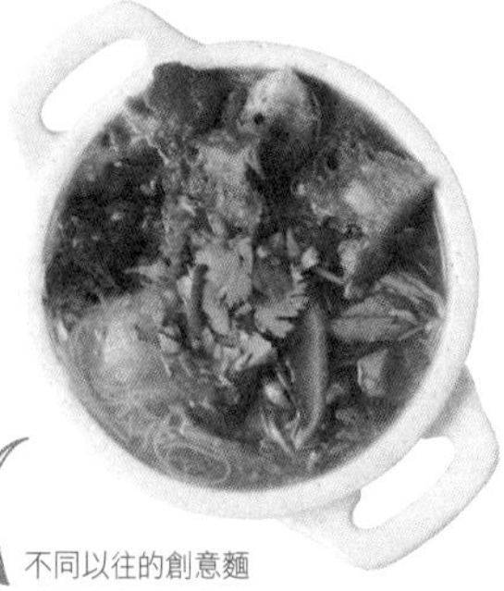

不同以往的創意麵線，讓人吃了上癮。

刈包不只吃鹹，也可變身甜品。

1
3 2

1. 復古取餐口設計用心。2. 連汽水也走日本復古風。3. 每一件古色古香的擺飾都有故事可說。

搭配飲料是台中才
有的羅氏秋水茶。

鳳梨冰茶清涼解
渴，值得一試。

‖ 盛橋刈包＆川子麵線
MAP：P.125-8
鄰近站名：台中火車站
地址：台中市中區中山路 26 號 1 樓
電話：0903-402-778（盛橋刈包）、0900-193-636（川子麵線）
時間：週一至週日 12:00 ～ 18:00，售完為止（盛橋刈包）；週二至週日 12:00 ～ 18:00，售完為止，週一休（川子麵線）

宮原眼科

老眼科裡的糕餅百貨公司

1. 獨特的玻璃屋頂設計十分吸睛。2. 茶飲販賣處是必定打卡留影的地方。3. 一樓大廳可品嚐美味的巧克力。4. 展示區可見用心設計的包裝盒。5. 宛如《哈利波特》電影場景的魔幻書樓。

就連產品展示也別出心裁。

「沒有宮原眼科，就沒有中區復甦。」一這樣說或許誇張了點，但台中糕餅品牌「日出」將近百年的老建築改造為旗下首座百貨式的糕餅賣場，闊手投資確實引起磁吸作用，許多人因此重新拜訪台中，而有了今日中山路「文創一條街」的蓬勃景貌。

宮原眼科擁有古老的皮層與華麗的內裡，建築前身為興建於一九二七年的眼科診所，羅馬式紅磚拱廊混合木造結構，在當時是極為重要的地標。老建築在古蹟修復專家整理之後，局部保留此一特色，但內部卻以玻璃、黃銅和彩石等素材重塑，有著高聳壯觀的茶食書塔、囍字玻璃天窗等，走到建築二樓可見色調濃重的復古沙龍空間，而冰淇淋外帶店舖則使用交趾剪黏工藝完成一副梅花牆，新舊工法對比之下，揉合出極為特出的台洋新復古風。

在這個新舊交融的糕餅舖中，除了可以採買日出引以為傲的招牌太陽餅、南糕瓦片、荷餅軟糖，可現場品嚐的冰淇淋舖更是超人氣的排隊美食，冰淇淋與土鳳梨酥、乳酪蛋糕、果乾、巴薩米可醋等創意組合的「撒料」吃法，甫推出即引起風潮，開賣至今仍然相當受歡迎。

‖ 宮原眼科
MAP：P.125-9
鄰近站名：台中火車站
地址：台中市中區中山路 20 號
電話：(04)2227-1927
時間：10:00 ～ 20:30

穿越時空的老建築巡禮

台中有新穎都會的一面，
也有充滿歷史人文的一面，
集中在老城區的歷史建築，
不只有華麗巴洛克風格的官邸古蹟，
還有許多古色古香的日治木造老屋，
像是林之助紀念館、台中刑務所演武場等
近來座落在第五市場旁的日治警察宿舍群，
經過一番重造成為台中文學館，
變身成為台中最新藝文亮點……
舊地重遊不僅是為了回顧歷史，
在這段時空穿越之旅中，
更可以看見一座城市所面向的未來。

林之助紀念館

走進膠彩之父的世界

走進林之助紀念館，庭院裡幾棵參天老樹和池塘圍繞日治老木屋，陽光自葉稍間灑落，樹影婆娑形塑了典雅靜謐的氛圍，散步其中，呼吸著空氣中飄散的檜木香氣，使前來的人們暫且忘卻城市的喧囂，恍若置身京都！

台灣膠彩畫之父林之助先生，年輕時候順應父母期望而習醫，但他仍舊難以忘懷美術，堅持揮灑畫筆創作，而以最年輕之姿入選「帝展」，成為台灣重要的藝術家。林之助的故居位在台中柳川溪畔，這裡也曾是台中教育大學的老師宿舍，如今作為紀念畫室免費開放參觀，而今館內壁櫃還保留七彩的膠彩顏料、古董沙發椅等，加上常設展示區的畫家生平介紹，讓人可一窺昔日畫家的生活景況，從而理解他那「感覺寫生」的獨特風格是如何孕育而生。

老屋修復再展風華。

林之助紀念館
鄰近站名：忠信國小／柳川西路
地址：台中市柳川西路二段 158 號
電話：(04)2218-3652
時間：11:00 ～ 17:00，週一休

昔日生活情景歷歷在目。

中庭可見新舊建築趣味對話。

台中市役所

古蹟變身市民的藝文沙龍

台中市役所落成於一九一一年，結合紅磚與灰白色系的設計與隔壁的市政府同為「辰野式」風格，也是中部鋼筋混凝土建築的先鋒。

儘管走過百年歲月，巴洛克式的華麗風采依舊，這棟老建築於二〇一六年重新開放，並委由餐飲集團「古典玫瑰園」接手經營，分別將空間規劃為「CAFÉ 1911」、「昭和沙龍」與文創商品區，而二樓並規劃為藝術展間，提供新興藝術家借展演出，使昔日的行政機關搖身一變成了結合餐廳及藝文展覽的空間。

最有趣是昭和沙龍所在位置曾為公營當舖，為了呼應這樣一段過往歷史，特別推出了祕製花生招財貓冰，用花生冰磚刨成的冰加上貓咪表情以及有「千萬兩」字樣的餅乾，可愛逗趣又呼應了文化。

台中必喝珍珠奶茶。

招財貓冰逗趣可愛。

辰野式建築外觀迷人。

‖ 台中市役所
MAP: P.125
鄰近站名：市政府
地址：台中市民權路 97 號
電話：(04)3507-7357
時間：10:30 ～ 21:00

昔日高級辦公室變身風情咖啡座。

選品小舖千萬別錯過。

和風定食是市役所限定喔！

台中文學館
用六棟房子講台中文學的故事

老屋展間搭配燈光設計，氣氛特別。

古本迷千萬別錯過館藏珍本。

‖ **台中文學館**
MAP: P.125
鄰近站名：柳川西民生路口
地址：台中市西區樂群街 48 號
電話：(04)2228-9111
時間：10:00 ～ 17:00，週一及國定假日休

每一棟老屋都有不同主題。

昔日長官宿舍變成文學基地。

台中文學館是台中最新的藝文亮點，園區的前身為日治時期警察宿舍群，最老建築距今也有九十年歷史，是台中市區難能可貴的歷史聚落。二〇一六年宿舍群整修完畢，六棟木造老屋建築圍繞著「台中文學」主題，分別規劃成展區、講堂與文創商店，未來也將提供餐飲服務，成為充滿人文質氣的人氣景點。

走逛園區外部公園，中央檜木老屋旁矗立著一株高達三層樓的百年老榕樹，枝繁葉茂的大樹下，枝鬚長垂近乎觸地，形成陰涼的氣根林，構成一幅歲月靜好的風景。園區內多處可見用心的設計巧思，如樹影牆、書夾亭、曲水流觴等，讓人在愜意散步之中，也能浸染藝文氣息。

逐一拜訪老房子，六棟各自獨立的空間被規劃為常設展覽館、主題館、兒童文學館等，展覽內容結合互動式多媒體，呈現出作家筆下的想像世界，讓人們可以更加趣味的方式認識台中文學。最有意思的，是兒童文學館內善用老房子空間，將壁樹改造為祕密閱讀角落，吸引大小孩子窩在書本的想像世界裡。

特別保留的紅門，記憶著歷史時光。

走在街道宛如置身日本。

每個細節都古色古香。

台中刑務所演武場（道禾六藝文化館）

傳承六藝文化的武道館

穿梭城市中尋幽探訪，總有一隅會讓人停下腳步流連忘返，台中刑務所演武場就是台中市如此靜謐的角落。

建於一九三七年的演武場，昔日是司獄官與警察的習武道館，老建築曾在二〇〇六年慘遭祝融之災，幾經修復後重新展現老屋之美；而今這建築由道禾教育基金會接管，園區規劃為演武場、茶館、藝文展覽館，最主要的演武場則融入孔子「六藝之教」精神，開辦劍道課程、書院講座、節氣茶會，偶有藝文展覽或市集活動，歷史建築不僅獲得新生，還成為重要的習藝之地。

儘管這些課程多是針對市民開放，但旅人來此不妨到茶館坐坐。點一分茶食，靜靜享受陽光灑進迴廊的光影之美，以及窗外的日式庭園池塘造景，在喧囂熱鬧的台中市裡，這裡確實保存了難能可貴的幽靜片刻。

在老屋享受日式下午茶別有風情。

館內也提供繪馬祈願服務。

‖ 台中刑務所演武場（道禾六藝文化館）
MAP: P.125
鄰近站名：道禾六藝文化館
地址：台中市西區林森路 33 號
電話：(04)2375-9366
時間：09:00 ～ 22:00

氣勢建築內偶爾可見劍道練習活動。

民生故事館

細細咀嚼霧峰人的美好回憶

位在霧峰中正路上的民生故事館，前身是民生診所，據說是人稱「阿飛仙仔」的林鵬飛醫師之故居。由於林醫師宅心仁厚，醫德廣傳，深受霧峰人所記憶，而老房舍在霧峰農會接手後，決定重修原貌，做為紀念館使用。

踏進館內，可見留聲機、老沙發和櫥櫃等舊物，營造出濃濃的老時代風格，而內部空間精心規劃了阿飛仙故事區，不僅重現過去診療室場景，也展出過往使用的聽診器、針筒、藥罐等物品。二樓參觀區域則是以「台灣醫療進程」為主題，展示各種文件史料，與鮮為人知的二戰後期神靖丸事件等。

除了做為展覽之外，霧峰農會也創設了「農學食堂」，提倡從產地到餐桌的概念，讓人們可以在此品嚐屬於霧峰的滋味，同時也將歷史人文故事與土地共生理念完美結合。

復刻沙發椅有阿公年代的味道。

修復之後重現老空間的迷人。

‖ 民生故事館
鄰近站名：山腳巷
地址：台中市霧峰區中正路 369 號
電話：(04)2339-1556
時間：09:00 ～ 17:00，週一休

新舊融合手法，展現老醫館另番風貌。

‖ **20 號倉庫**
MAP：P.125-10
鄰近站名：台中火車站
地址：台中市東區復興路四段 37 巷 6-1 號
電話：(04)2220-9972
時間：10:00 ～ 17:00，週一與國定假日休

20號倉庫
鐵道旁的藝術縱貫線

4 3 5 | 1 2

1. 昔日鐵道倉庫變身創意咖啡館。2. 斑駁牆面結合藝術創作，一路走來十分有意思。3. 園區特別保存一節老火車廂。4. 每一棟老倉庫都有不同藝術家進駐。5. 隱藏小店不少，可以逐一探尋。

作為鐵道倉庫藝文再生計畫的前哨站，台中20號倉庫位在後火車站的僻靜處，建築師姜樂靜利用七個倉庫本身各佔地百坪寬敞的空間條件，邀請各藝術創作領域的翹楚駐村，結合在地文化資源，打造成不設限的「跨領域多元空間」，以當代藝術為基點，激盪出藝術美學與產業鏈間的火花。

散步倉庫緊鄰鐵道的小徑一側，參天老樹枝葉扶疏，享受光影錯落灑在老倉庫的紅磚牆面，自然散發出無論是否為鐵道迷都會愛上的幽靜氛圍，倉庫盡頭甚至仍保留一小節舊車廂，呼應了旁邊仍舊繁忙運輸的現代鐵道。這個閒置已久的倉庫空間，歷經十二年的整理改造，而今搖身成為具有藝術家工作室、創意商店、工坊、劇場和咖啡廳等多種機能的藝文特區，並不時策劃各種主題展覽，吸引人們前來走逛。

或許誰也從沒想到承載過去的鐵路發展歷史的貨運倉庫，在融入現代新潮流的思想後，催生如今台灣與國際藝術接軌的平台媒介，孕育無數優秀的當代藝術家，也驅動了城市的環境新生。

台中文化創意產業園區

打開老釀酒廠盡情暢飲創意

日治時期的老酒廠歷經幾十載後不再飄香佔地五．六公頃的廠區如今轉型為文創園區，不期舉辦各式展覽和樂團表演，為閒置的老舊廢墟注入藝術養分！

儘管不再專門釀酒，幾經修復和重建後，舊時遺址的歷史餘韻仍有跡可循。相隔綠地座落的廠房前身各自大不同，走逛大片灰色調的水泥建築群，可見曾是米酒倉庫的紅磚房「雅堂館」特別亮眼，古樸樣貌極富特色，另外原是餐廳和禮堂的「衡道堂」也有雅致的日式迴廊木造建築，以及伴有高聳入雲的煙囪象徵製酒風貌的「鍋爐間」……不難想像昔日各司其職的釀酒日程。

1. 老酒廠建築華麗壯觀。2. 老木工坊日前重修完畢，值得一逛。3. 新舊建築融合，相當有趣。4. 園區處處可見藝術裝置。

‖ 台中文化創意產業園區
MAP：P.125-11
鄰近站名：文化創意園區
地址：台中市南區復興路三段 362 號
電話：(04)2229-3079
時間：戶外空間開放時間 06:00 ～ 22:00、室內展館：依活動申請開放使用（颱風期間依台中市政府發佈不上班之日亦休館）

在這新舊交融的場域，最吸睛的莫過排列整齊的彩繪大酒桶，色彩繽紛像是盛情歡迎著前來的人們，而工廠經完善規劃成展覽館、書院、TADA方舟展演空間，並有台灣菸酒歷史的常設展和不定期舉辦的特展，既能體驗早期酒廠文化，也可欣賞獨立樂團的演出，還有能悠閒喝一杯的咖啡廳，不同元素在此匯集，形塑兼容並蓄的文創基地。

園區不定期舉辦展覽，適合親子同遊。

就連販賣部也設計了巨大的玻璃酒瓶裝置。

美食藝術無國界
山時作 SenseProject

水里蛇窯第二代創作的茶壺。

各種陶壺創作吸引人把玩。

山時作位在台中文化創意園區 B06 木工坊內，這棟木造房屋原先是日治時期的菸草乾燥室，紅磚建築與衍樑屋頂形式特別，從外觀尚且可見太子樓設計，是古早煙寮建築極為代表性的排風設計。這個空間曾做為木工坊與廠方人員的休息室，而今由水里蛇窯第三代窯主林國隆與山時作團隊共同經營，成為複合無國界料理、陶藝、茶道的藝文空間。

走進這棟古色古香的建築，偌大的空間中被規劃為數區，除開放式廚房與餐飲座席區之外，另外以木架構區隔的空間則被規劃為展覽空間，當中除了展出台灣工藝

山時作 SenseProject
MAP：P.125-12
鄰近站名：文化創意園區
地址：台中市南區復興路三段 362 號（B06 木工坊）
電話：(04)2220-2067
時間：11:00 ～ 21:00，週二休

家作品，另外有商舖販售水里蛇窯陶作。空間的主要經營團隊山時作，是由留學法國學習藍帶餐飲與烘焙的水里蛇窯第四代林曉吟與其同學所組成，他們取用地方自然純樸的食材來製作料理，卻以較新式的手法來呈現季節的味道。取自泰國菜的「咖哩蟹肉寬扁麵」微辣的咖哩香氣與義大利麵結合，相當引人食慾；而創意十足的配菜「生氣的蛋薯條」則是將薯條搭配辣醬與水波蛋，半熟蛋液的溫醇滋味，將各種元素結合起來，如此特別的滋味，吸引不少年輕族群前來品嚐，也帶動藝文空間的活絡氣氛。

簡約優雅的造型，
散發溫潤色澤。

大受好評的無國
界創意料理。

餐廳角落結合選品
店，多元經營。

2
3
4
1

1. 老建築可見獨特的「太子樓」設計。**2+3.** 山時作不定期舉辦主題展覽。**4.** 榻榻米座席呼應空間的日式氛圍。

Reborn Antique 古董雜貨鋪

商業空間設計師熱愛的尋寶處

令人愛不釋手的古董秤。

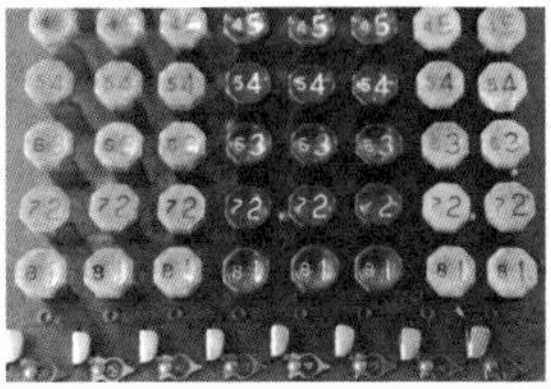

1. 拉開鐵門，裡頭滿滿都是寶。**2.** 老收銀機是夢幻逸品。**3.** 深受雜貨迷喜愛的鑄鐵鑰匙。**4.** 櫃子上擺著各式老裁縫機。**5.** 老打字機的鍵盤相當美麗。**6.** 價值不菲的老留聲機這裡也有。**7.** 彩繪華麗的老餐瓷，令人讚嘆不已。

聽一曲老黑膠，享受一下復古時光吧！

在台中經營許久的 Reborn Antique，最初是開在大樓公寓裡的一間小小古物工作室，主理人 Edward 因為工作關係經常往返美國，他利用閒暇時間走逛跳蚤市場與古董店，把旅行中發現的有趣老件帶回台灣，漸漸開成了一家小有規模的古董店。

Reborn Antique 古董雜貨鋪去年遷至新址擴大規模，兩層樓房子搜羅了琳琅滿目的西洋古董，從 Underwood 打字機、勝家牌（Singer）裁縫機、HMV（His Master's voice）留聲機等大件收藏，到可在手裡把玩的手繪瓷盤、銅燭台、頂針指套、銀器、陶罐等小物，品項之豐富精巧，往往令初次造訪的人驚嘆連連。

Reborn Antique 古董雜貨鋪的老件選物集中在工業發展初期與二次戰後時期，主要類別以生活日常用品為主，像是二樓收藏各式各樣的古董秤，出自早期雜貨店、蔬果店、郵局等不同用途的秤，形制樣貌大相逕庭，大可用來展示鞋履，小則用來陳列首飾，小小一座擺在櫃上，增添店鋪陳列的看頭，因此吸引不少商業空間設計師前來尋寶。

‖ Reborn Antique **古董雜貨鋪**
MAP：P.125-13
鄰近站名：高等法院台中分院
地址：台中市南區復興路三段 53 巷 31 號
電話：0988-525-989
時間：週一至週五 10:00 ～ 21:00、週六及週日 10:00 ～ 17:00（12:00 ～ 14:00 休息）

咖啡杯是台灣藝術家的創作喔！

食いしん坊

當老派男子遇上甜點小姐

「這是一間在巷子很難找，房子有一點舊，菜單換來換去的甜點店。」食いしん坊的自述寫得逗，但也確實反映了的甜點師劉鼻涕對於做蛋糕的熱愛，已達嚴重選擇困難、無法決定菜單的程度了。

食いしん坊最初是以工作室型態經營，開在五權一街巷弄裡的矮舊老屋裡，而劉鼻涕利用工作閒暇兼職烘焙甜點，靠著在手手市集擺攤分享，默默經營四年下來，不知不覺累積一票鐵粉，而促使了今日的新店誕生。食いしん坊從西區搬家到南區，選在人潮稀少的住宅巷弄裡開店，那區域獨有的僻靜氛圍配上咖啡師小馬的老件裝修，瀰漫「wabisabi」（和寂）的古道具風格空間，使得食いしん坊鮮明可辨。

|| 食いしん坊
MAP：P.125-14
鄰近站名：永和社區
地址：台中市五權南路 278 巷 25 號
電話：(04)2265-3561
時間：14:00 ～ 22:00，週四休

滋味濃郁的乳酪烤蘋果。

抹茶乳酪下著雪。

1
4 2
6 5 3

1. 老公寓變身祕密甜點店。2. 老闆親手打造的老窗，很有古韻。3. 坐在吧台悠閒喝杯咖啡，是一大享受。4. 小黑板菜單公佈本日甜點，每天都有驚喜。5. 老凳子巧思佈置，連小角落都很可愛。6. 展現「**wabisabi**」精神的空間風格。

在古馬口鐵吊燈溫暖的黃光照耀下，咖啡師小馬在廢木造吧台沖煮咖啡，桌上立牌用大頭針釘上紙條，寫著本日供應蛋糕：乳酪烤蘋果、抹茶乳酪下著雪等，大約五至六種口味，每日推出皆不同。劉鼻涕的甜點講究天然新鮮，風格上偏向日式，但配方比例經過多次調整，口味爽朗不膩，符合台灣人的喜好。對甜點迷來說，食いしん坊給予口味的驚喜，而對於古物迷來說，食いしん坊更是不可錯過。

超摩登建築之旅

台中因有東海大學與逢甲大學兩所在建築領域佔據相當份量的學府，這座城市可謂是台灣建築師的出產重鎮！隨著都市計劃的擴張，建築行動不斷發生，使得台中成為建築競美的大舞台，不論是安藤忠雄的亞洲現代美術館、伊東豊雄的台中歌劇院，或是廖偉立的毓繡美術館、江文淵的菩薩寺等等，從國際建築大師到本土建築巨擘，一座又一座驚人之作，正呼喚著建築迷前來巡禮！

基督救恩之光教會

降臨街角的魔幻方舟建築

教會建築位在街區轉角。

聳立的牆面寫滿光影詩意。

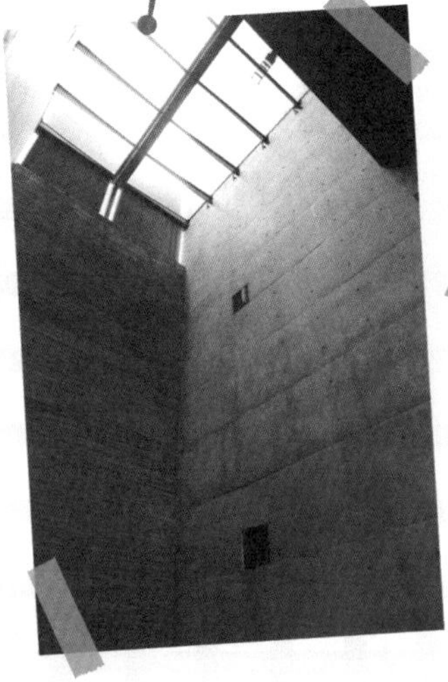

挑高天井創造出神聖感。

‖ 基督救恩之光教會

MAP: P.209
鄰近站名：進化國瑞街口
地址：台中市北區進化路 428 號
電話：(04)2234-7099
時間：08:00 ～ 22:00

來到北區進化路，可以發現佇立在街角的這棟奇特建築，那簡約的清水模外觀，上頭頂著誇張的金屬屋頂，像是外星人太空船降臨的感覺，對比庶民風味的台灣巷弄背景，寫實中帶有魔幻，非常有意思。

基督救恩之光教會是由台中建築師廖偉立設計，其概念來自挪亞於山頂建造方舟，建築本身猶如一座山，大廳的懸壁梯像是沿著山攀爬的求道路，而屋頂則是方舟本體，整體建築充滿了神聖的意象。素有「台灣蠻牛建築師」的廖偉立，主張「渾建築」哲學概念，他總是嘗試捕捉環境的多樣混雜，企圖在建築裡融合不安衝突狀態，就像這座教會以街角建築來設計，具有台灣騎樓建築的特色，而建築更複合了一間咖啡館，整理來說相當貼近當地社區居民的日常活動。

清水模打造的空間，線條簡約俐落。

象徵諾雅方舟的屋頂設計。

美術館為清水模與玻璃的前衛結合。

毓繡美術館

隱身在葡萄園裡的生態美術館

凌駕在走廊的綠色屋頂，配色大膽鮮明。

入口端牆的開口十分詩意。

毓繡美術館

地址：南投縣草屯鎮平林里學路平忠巷 28 號
電話：(049)257-2999
時間：09:00 ～ 17:00，週一休

展出主題圍繞著寫實，表現形式卻很多元。

大量植栽軟化了建築的冷冽感。

沿著長廊走進來，心情跟著沈澱。

毓繡美術館雖然不位在台中市轄內，但所在位置為南投鄰近台中的草屯，旅遊台中若是時間許可的話，不妨順遊前往欣賞這棟新落成的建築。

毓繡美術館為一座私人美術館，整體為廖偉立建築師所設計，那清水模外觀有著豐富的木紋表情，有別於一般清水模建築。除了冷硬的水泥之外，毓繡美術館又結合了窯燒磚、玻璃、木結構等多種材質，整體相當具有層次。

毓繡美術館所在的九九峰，曾經因為九二一地震受到重創，因此在規劃上特別突顯生態與藝術，兼容並蓄。走在迂迴的廊道動線時，就可看見館前保留的大草原與生態池，而在美術館的隔壁則是一片葡萄園，結實纍纍的季節更可入內遊園，整棟美術館可說是被包圍在農村地景裡。此外，毓繡美術館以「寫實藝術」為主題，大廳懸掛的「作品 MAYA846」是韓國藝術家朴勝模的經典之作，也是必看鎮館之寶。

裸露風管讓梯間十分有未來感。

國立公共資訊圖書館

呼應台中水文的流線建築

國立公共資訊圖書館的前身為國立台中圖書館，過去所在位置是在台中公園內，但隨著新館遷建，升格為「國立公共資訊圖書館」（簡稱國資圖），成為台灣三大國立圖書館之一。

新落成的國資圖佔地兩公頃，總館為地上五層、地下二層建築物，巨大白色的建築體環抱著中央綠地，外觀以八種馬賽克石拼貼，流暢曲面的外牆與台中水文地景呼應，呈現充滿出柔軟流動的曲線感，加上橫向的連續玻璃介面穿插其中，不僅讓室內有「out-side-in」的通透感，也展現出外觀十足的摩登意味。

國資圖除了建築有意思，內部規劃也很有看頭，全館採用i化櫃檯，可以自助式借還書、預約設備、登記座位，館內更有不少互動裝置，而定期都有講座活動供民眾報名參加，是相當活絡的一個公共空間。

整座建築充斥的流線造型。

宛如海蝕洞的走廊。

側面玻璃帷幕設計特別。

國立公共資訊圖書館
MAP:P.125
鄰近站名：公共資訊圖書館（五權南路）
地址：台中市南區五權南路 100 號
電話：(04)2262-5100
（TaNet Phone：99077000）
時間：09:00～21:00，週一休

亞洲現代美術館

安藤忠雄的
三角建築雕塑

來到霧峰自然不可錯過亞洲現代美術館，這座由國際建築大師安藤忠雄所設計的當代建築，以清水混凝土形建造而成，外觀如同由數片三角形堆疊而成，遊走內部極為豐富的戲劇光影，那建築的雕塑性十足呼應館藏主題。

亞洲現代美術館是一座以「雕塑」為主題的私人美術館，那草坪展出「鎮館之寶」的羅丹《沉思者》以及妮基・桑法勒《海豚上的娜娜》等雕塑藝術，另外館內也收藏了竇加的雕塑作品《14 歲的小舞者》等經典作品，都是必看的鎮館之寶。

館方除了不定期策劃特展之外，館內二樓的常設展公開展示安藤忠雄建築師的手稿與模型等，記錄了建築從零到有的創作歷程，更是吸引不少建築迷前來朝聖。

走廊交會呈現特殊的透視效果。

傾斜的柱子呼應「三角形」概念。

亞洲現代美術館
鄰近站名：亞洲大學安藤館
地址：台中市霧峰區柳豐路 500 號
電話：(04)2332-3456
時間：09:30 ～ 17:00，週一休

館外就可見藝術展品。

IBS 菩薩寺

充滿綠意的心靈角落

水簾與老樹猶如一幅畫。

古色古香的門面，一點也不像傳統寺廟。

水濂下的佛像，十分有禪意。

如果想要遠離城市的喧囂，從台中火車站往大里方向前進，可到菩薩寺走走。菩薩寺乍聽之下是座廟宇，但這座宗教建築的設計絲毫不落入刻板，加上館方抱持著「回家」的友善態度，使這裡成為人人都可來求寧靜的地方。

菩薩寺是一座「非典型」的宗教建築，係由台中出身的半畝塘團隊所設計，這棟建築全棟以清水模蓋成，而建築結構又被茂密的爬藤植物覆蓋，加上園內種植的大樹，使得建築身影十分低調，像是城市裡的隱居者一般。

為了讓佛家理念更加貼近生活，近來寺方又在隔壁打造了新空間「Vima House 維摩舍」，其一樓是小舖，二樓為飲茶座席與廚房教室，可買到小農無毒蔬果、藝術家創作器物，以及寺方自尼泊爾引進的佛教文物或工藝品等，另外，不定期開辦的素食料理研究課程更是有趣，都歡迎一般民眾報名參加。

維摩舍販售
選品小物。

‖IBS 菩薩寺
鄰近站名：爽文公園
地址：台中市大里區永隆路 147 號（菩薩寺）；台中市大里區永隆路 153 號（Vima House 維摩舍）
電話：（04）2407-9920（菩薩寺）；（04）2407-9960（Vima House 維摩舍）
時間：週六及週日 09:00～18:00（菩薩寺）；週二及週四至週五 10:00～18:00、週三 13:00～18:00、週六及週日 09:00～18:00，週一休（Vima House 維摩舍）

維摩舍後方院子可通
往二樓的廚藝教室。

維摩舍的外觀
十分特別。

長苔的佛像上，
停駐著歲月。

來趕時髦！不可思議的都會迷走中

南屯區 & 西屯區

曾經是台中外圍區域的西屯區與南屯區，隨著七期都會區的發展，如今成為台中最時髦的所在，大型百貨公司、影城、歌劇院、公園綠地等，井然有序的街廓設計，演示了當代都市計劃的完整概念。

西屯區雖然以大型百貨商場為主，但幾家新創品牌嘗試在此進行風格實驗，像是薰衣草森林的好好、Ivette Café、好樣 VVG 等，結合了飲食、生活與藝術的經營模式，為空間經營打開了新格局。有別於西屯區的高度商業，南屯區則是生活氛圍濃厚，昔日省府員工宿舍區的黎明新村，近來也幾家有意思的小店進駐，由於一般觀光客較少進入，使得這裡仍然維持一股清新，最能感受台中生活的純真一面。

❶ 十三咖啡工作室
❷ ＋俱
❸ **Tai J**
❹ 實心裡生活什物店
❺ **JIA PLUS**
❻ 木庵食事處
❼ 波屋 **BORU BORU**
❽ **IUSE** 生活研選 · 日用之美
❾ 下町咖啡屋
❿ 古研號 **gu-yen house**
⓫ 小麥菓子 **Komugi**
⓬ 穀雨好學
⓭ 台中國家歌劇院
⓮ 好好（西屯店）
⓯ **Ivette Café**
⓰ **Recycleleathercraft**

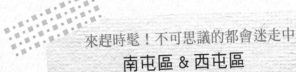

台灣大道四段
福科路
東海大學
力行路
福星路
鵲絲旅店CHASE WALKER H
路思義教堂
台中世界貿易中心
逢甲大學
逢甲路
福星路
工業路一段
Recycleleathercraft
16
青海路
上安路
台灣大道二段
工業路八路
鞋寶觀光工廠
秋紅谷景觀生態公園
潮洋環保公園
河南路三段
西屯路二段
青海路二段
愛其歐巧克力
15
台中酒廠文物館
14
13
台中國家歌劇院
四川路
市府路
惠文路一段
台中市政府
五權西路三段
環中路三段
黎明路二段
大隆路
下町咖啡屋
12
市政南二路
11
5
4
大業路
向上路五段
6
文心路二段
10
9
公益路二段
波屋
BORU
BORU
公益路
五權西路三段
永春東七路
3
大墩十一街
7
羅芙烘培坊
精科路
向上路一段
大台中龍富觀光夜市
向上路三段
文心森林公園
8
大墩七街
嶺東路
永春路
惠文路
文心路一段
大墩路
東興路三段
精誠路
永春南路
嶺東科技大學
建功路
彩虹眷村
豐樂雕塑公園
忠勇路
環中路四段
中山醫學大學
2
黎明路一段
鎮平國小
大慶火車站
十三咖啡工作室
1
台中高鐵站
高鐵一路
烏日啤酒廠
新烏日火車站
烏日火車站

十三咖啡工作室

充滿況味的陶鍋淺焙咖啡

在南屯區經營許久的十三咖啡，是人稱「十三」的台中咖啡怪傑何坤林所開，過去咖啡館開在舊式三合院裡，而今則轉移到更為隱密的溪畔。來到2.0版的溪仔邊十三，那使用廢木料、老窗與卵石搭造的素人建築，幾乎沒有人不被它的強烈風格所震攝。

溪仔邊十三是一間很另類的精品咖啡館，咖啡頑童何坤林鑽研咖啡領域多年，他屏棄一般用機器烘焙咖啡豆的手法，而以回歸自然的「陶鍋」來淺焙咖啡豆，呈現出咖啡豆身為「果實」應有的酸甜甘味。來這裡喝咖啡，最有趣是無菜單的供應方式，何坤林具有上百種豆款，而每次端出全然不可預測，老闆想煮哪一種，客人就喝哪一種，把命運全權交給咖啡師，卻也格外驚喜。

除了咖啡之外，舊料改裝家具也是何坤林的興趣，這裡的每個角落，包含建築與家具都是何坤林親自建造，而臨時起意辦起音樂 Live，隨興所至的經營態度，同樣吸引了許多不羈的藝術家。

|| 十三咖啡工作室
MAP：P.171-1
MAP：P.171-1
鄰近站名：大慶車站
地址：台中市南屯區環中路五段 200 號
電話：0917-646-373
時間：13:00～23:00（營業至老闆沒電為止）

手捏陶作讓咖
啡更有滋味。

3 | 1 | 2

1. 遷址重新開張的十三咖啡。2. 戶外座席的桌椅全是老闆親手打造。3. 小屋由舊木料與石頭砌成。

＋俱

復刻家具經典再現

‖ ＋俱
MAP：P.171-2
鄰近站名：鎮平國小
地址：台中市南屯區黎明路一段 480 號
電話：(04)2479-2431
時間：09:00 ～ 18:00，週日休、週一隔週休

如果你是個設計旅店迷，肯定聽過墾丁＋樂水旅店（Hotel De Plus），而如果你又剛好喜愛它那種簡潔明快的復古工業風格，那就肯定不能錯過這間有意思的家具專賣店。

＋俱隱藏在黎明路一段的一棟老倉庫內，那空間格局經過一番打理，保持建築歷史斑斑的水泥裸貌，而尺度挑高的窗戶加入了黑色鐵件窗框，加上展示家具聚集形成的氛圍，使這工業空間冷硬中略帶古舊氣息，展現出迷人的韻味。

＋俱起源於二〇〇五年，最初是一群從事室內設計的工作者，因為基於商業考量，遍尋不著精緻的經典家具復刻，於是萌生自行開發的想法。＋俱的創辦人之一的李佳頤表示：「＋俱主打五〇、六〇年代的家具復刻品，主要是因為這些經典家具都已過新式樣專利保護期，可以合法復刻。」

在設計上，＋俱除了與國外設計師合作、代理國外品牌家具之外，同時也與台灣設計合作，而＋俱著重選用較好的木料與面料，像是胡桃、橡木、山毛櫸、進口布料、皮款等，使得復刻家具在維持平價的同時，也能兼顧精緻質感。

4 1
3 2
5

1. 有趣的汽油單椅是最新商品。**2.** 在這裡也能找到各種有趣的擺件。**3.** 小店位在倉庫建築內。**4.** 倉庫建築格外挑高，展場走逛十分舒服。**5.** 老闆示範佈置充滿了美感。

不同風格的經典復刻家具。

Tai J
移植 woo café 的華麗泰風

色彩繽紛的米沙拉
是必點菜色。

‖ Tai J
MAP：P.171-3
鄰近站名：大墩十二街口
地址：台中市南屯區大墩路 533 號
電話：(04)2320-3597
時間：11:00 ～ 22:00

3
4 2 | 1

1. 誰能想到大賣場裡竟然會出現一座室內花園？2. 樓上露台還有精心打造的溫室包廂。3. 被植物包圍的空間讓人心神放鬆。4.「華麗」簡直就是 **Tai J** 的代名詞。

冬蔭海鮮湯有著酸甜辣交織風味。

彷彿應證了「大隱隱於市」的道理，位在人來人往的家樂福一樓，有間綠意包圍的花園宛如世外桃源般自成一格，不仔細看還以為是精品花藝坊，原來是近來在IG爆紅的Tai J。

Tai J是間風格與眾不同的泰式餐廳，室內利用大量盆栽佈置，座席巧妙錯落其中，創造出宛如置身自然的悠閒放鬆氣氛Tai J是由裘媞諾服裝貿易公司所創辦，空間設計邀請泰國清邁「woo café」擔綱，使用復古花磚地板搭配歐式古制家具、耀眼眩目的水晶吊燈、大量鮮花植栽等，創造出復古而華麗的風格。

料理上，Tai J則是由泰北四季飯店主廚擔任顧問，像是金錢蝦餅、脆皮豬肉炒芥藍、泰式檸檬魚、冬蔭酸辣海鮮湯，滋味都相當道地美味。點一道色彩豐富的「泰式米沙拉」使用蝶豆花、新鮮火龍果汁烹煮的彩色米，加上碗豆、檸檬葉絲、蝦粉、椰子粉、辣粉、香茅片等，大碗中融合各種調味配料，斑爛豔麗的視覺效果，正好呼應了Tai J給人的感覺。

Tai J希望把浪漫氣氛結合精緻餐點，創造有別於一般泰式料理餐廳的用餐體驗，而在酒足飯飽之餘，在Tai J的正對面還有間複合經營的服飾店，可順道欣賞一番。

實心美術設計的「卡連答」年曆。

實心裡生活什物店

向世界募集有趣人事物

‖ 實心裡生活什物店
MAP：P.171-4
鄰近站名：文心市政路口
地址：台中市南屯區大容東街 10 巷 12 號
電話：(04)2325-8108
時間：13:30 ～ 19:00，週日至週二休

從大容東街溪畔轉進巷弄，走個三兩步便來到這棟有著苦楝樹的房子。在綠意的包圍之下，名為「實心裡」的這家選物店洋溢著美好的生活氛圍，即便初次來拜訪，也會感覺像是回到自己家。

實心裡生活什物店是由設計公司「實心美術」所經營，他們將一樓閒置空間稍加整理，放入了簡單家具，原打算做來展示自創商品，後來卻吸引越來越來人來造訪，順水推舟便開成了一家很像書店、又很像文具店、有時也變成藝廊的雜貨店。小店的商品內容主要出自兩位創辦人王進明與孫明華的生活經驗，他們秉持分享精神引介私心所愛各式商品，有些是朋友的小量創作，有些則是國外旅行攜回，類型涵蓋陶藝、木刻、器皿、織品等，品項多樣少量，幾乎賣完就不再有。

在選物之外，小店也經常策劃有趣的微型展覽與活動，像是謝米尖的植物日常集、內山直人的金工展、張麗真的纖維軟雕塑等，前年更擔任台中大好青空市集的籌劃；從空間經營到市集策劃，實心裡生活什物店不斷嘗試各種可能，他們隨興自由的經營風格，讓空間具有彈性與動能，引介的有趣人物不計其數，不知不覺成了各領域創作者匯聚的平台。

4 | 2
5 | 3 1

1. 小店有著愜意舒適的家宅風格。2. 午後光影之美，令人想停駐欣賞。3. 大長桌取代展示架，讓人更容易親近商品。4. 織品創作、陶藝展、書法等，這裡舉辦過各式各樣有趣的微型展覽。5. 素雅袋包令人愛不釋手。

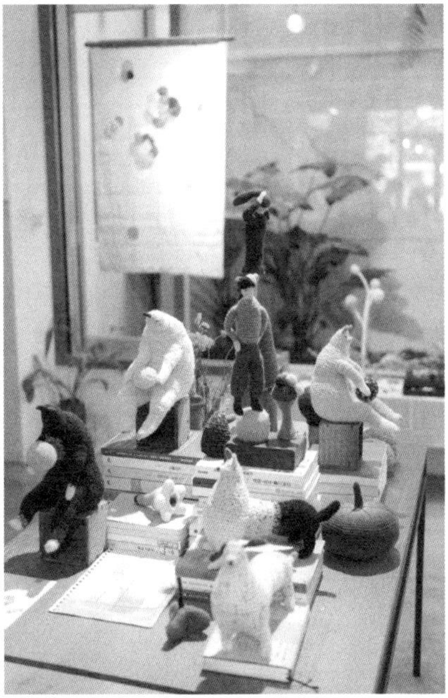

孫明華喜愛布料，這裡也可以找到有意思的織品創作。

|| JIA PLUS
MAP：P.171-5
鄰近站名：文心市政路口
地址：台中市南屯區大容東街 12 號
電話：(04)2310-8687
時間：11:00~19:00，週一休

JIA PLUS
連結人與生活的設計廚房

店長岱華創辦的風土痣。

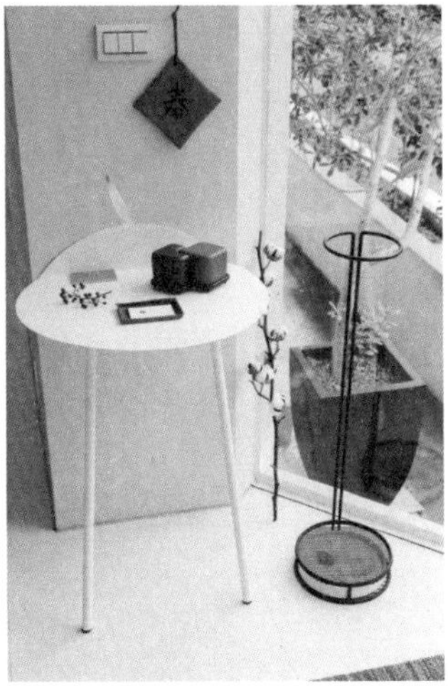

從不鏽鋼餐具代工出身，而自創的台灣生活品牌 JIA，去年終於開設了獨立店，有意思的是首間獨立店 JIA PLUS 的位址選擇在台中，就位於實心裡生活什物店的隔壁。

JIA PLUS 希望融合「家」的溫暖感，並且透過廚房來連結人、生活、美學，因此這個空間被設定為不只是一個賣場，而是兼容了展覽與工作室的概念店。為了讓空間有更活化的運作，JIA PLUS 邀請獨立刊物《風土痣》的編輯沈岱樺擔綱店長一職，引入編輯策劃的專業，在空間舉辦各種有意思的講座與體驗活動。這個空間聚合了生產者、料理者、設計師與使用者，藉由彼此交換不同觀點，啟發更多餐具的使用想像。

在 JIA PLUS 裡，可以看見各國設計師的創意，不少獲得設計獎的商品現場展示，消費者可以透過實際接觸，感受真實質感與使用機能。除了展示品牌自身，去年 JIA PLUS 也與食材達人顧偉的品牌「土生土長」共同合作，加入概念友善的食品選物。像此類有意思的跨界企劃將不斷發生，使得 JIA PLUS 不只是一間餐具店，而成為生活風格的創造地。

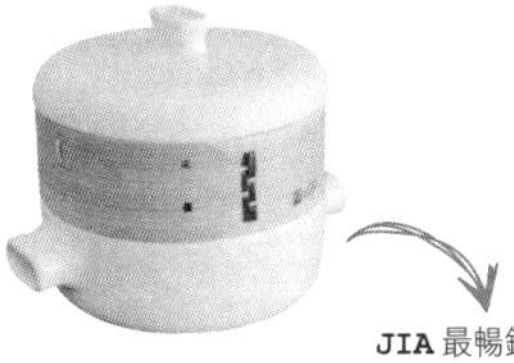

JIA 最暢銷的蒸籠廚具。

曾舉辦剪紙課程，讓人用設計角度探索食物。

5 4 3 | 1
2

1. 隱身在住宅區的 JIA 概念店。2. 用純白調彰顯設計商品的色彩。3. 選品店結合廚房，可舉辦各種分享課程。4. 櫥窗風景怡人。5. 有趣的邊桌設計，提供許多賞玩細節。

木庵食事處

走進漫畫裡的深夜食堂

烤飯糰不僅美味，
造型也很可愛！

‖ 木庵食事處
MAP：P.171-6
鄰近站名：大業文心路口／公益文心路口
地址：台中市南屯區大墩十四街 360 號
電話：0922-881-898
時間：週一至週六 17:30 ～ 01:00，週日休

台中七期竟有一處神祕的日式居酒屋？木庵食事處隱身住宅區一樓，招牌不大，一不小心就會錯過，這裡前身為私人招待所，而今改為日式居酒屋，沒來過的人會被它那高冷神祕的門面給嚇著，但其實那裡頭藏了一個迷人的小世界！

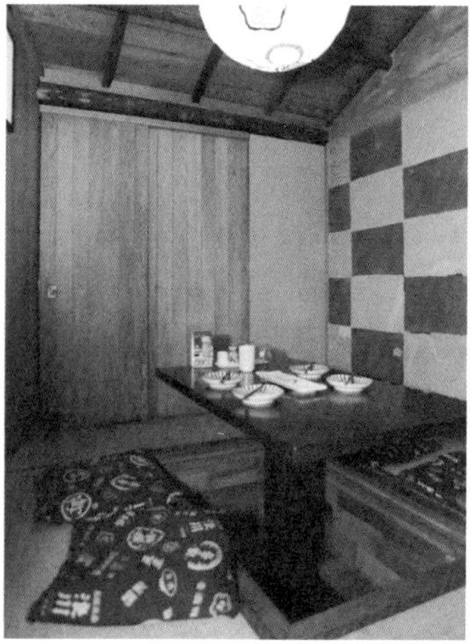

一入門，長廊小徑牽引著步伐，暖黃調的燈光柔和，與大量日本老建築風格的裝潢，塑造出「屋中屋」般的迷人世界，就彷彿瞬間走進了京都的通巷裡。木庵食事處的老闆是熱愛美食的實業家，他所學雖是商業管理方面，卻將所長運用於餐廳管理。接手這間祕密小屋之後，他針對小資族群重新規劃，推出各式美味的串燒與炸物等小點，像是炸飯糰、雞軟骨，以及饕客最愛的招牌滷香魚，滷得魚骨幾乎化開的香魚，抱著滿腹魚卵，肥美滋味令人難忘。

漫畫中的深夜食堂不過是真實人生裡的酸甜苦辣，在本庵從清爽的開胃涼菜到炙燒香脆的烤物，或者來上一碗軟嫩有彈性的牛筋飯，道地的餐點和環境讓人宛若置身日本當地，小酌幾杯即是百憂解！

4	1
6 5	3 2

1. 走進內部彷彿一腳踩進京都。2. 隱密包廂適合親友聚餐。3. 低調門面十分不容易發現。4. 開放吧台可直接與料理人對話。5. 人氣招牌滷香魚。6. 透抽燒烤充滿大海滋味。

各式各樣的串燒料理是小店自慢之作。

炸物小點是近期推出的新商品。

波屋 BORU BORU

療癒身心的雪人冰屋

‖ 波屋 BORU BORU
MAP：P.171-7
鄰近站名：黎明向上路口
地址：台中市南屯區向上路三段 25 號
電話：(04)2380-4980
時間：週三至週日 12:00 ～ 20:00，週一及週二公休

3　2　5 4　1

1. 波屋將京都小店搬到了台中。2. 店內裝潢結合插畫，展現年輕創意。3. 陳列的和風小物是老闆分享的旅行收藏。4. 紅翻臉書的雪人刨冰，淋醬的冷熱吃法很有意思。5. 糰子連火爐一起上桌，可以自己動手烤。

日式建築風格的「波屋」在轉角格外顯眼，儘管店舖看起來空間不大，卻吸引人們駐足，意欲一探究竟；而門口一座大雪人公仔俏皮可愛的模樣，就彷彿招手邀請人們入內，品嚐充滿日本風情的午後甜點時光。

來到波屋，你會發現這一幢小屋裡，深色木格窗和老房結構打造的空間風格，採用木製桌椅和榻榻米座位區，甚至在燈飾上懸掛燈籠，隨處可見擺放象徵日本傳統文化的吉祥物，處處散發濃厚的日本風情！波屋無論餐點或佈置都別出心裁，這裡就像是貼心的存在，讓人不必再飛到日本當地才能品嚐到烤糰子、蕨餅等日式傳統小點，撒滿黃豆粉的軟Q蕨餅淡淡香氣再配上蜂蜜糖漿甜而不膩，更有趣的是這裡還能讓你體驗依偎小火盆、自己動手烤糰子的樂趣。

另外，做成雪人造型的刨冰尤其受歡迎，刨冰搭配口感綿密的紅豆、大豆等，全都是店家親自製作，而淋上熱熱的仙草醬汁，看著雪人融化的樣子，光是視覺就令人感覺十分療癒！

正祕密研發的球球鬆餅，搶先公開！

展現餐桌美學的風格清水模

IUSE 生活研選・日用之美

清水模的建築體外觀高雅時尚，看來像是私人美術館，卻沒想到是一間餐皿專賣店！出自國際級建築大師林友寒之手的設計，結合「藝廊」和「市集」概念，這裡是由台中老字號餐具品牌俊欣行創立的 IUSE 旗艦店。俊欣行原先以宴會服務餐飲用品起家，二〇〇五開始引進國內外精緻的居家生活用品，打破以往餐具批發店的傳統印象，轉型成為餐桌美學的經營者。

走進這個超過四百坪的空間，無遮頂的天井引入天光，成功塑造露天市集的愜意氣氛！不刻意設計固定動線，目的在讓顧客能自由選逛任何區域，細細品味上百種研選的餐皿器具的設計美感，這裡有國際經典品牌，例如擅於變幻色彩設計的 Revol 的雙色下午茶杯組，以及獨具品味的東西方器皿、百年工藝純熟的工藝品，甚至可在這兒找到專業職人使用的器具。

‖ IUSE 生活研選 ・ 日用之美
MAP：P.171-8
鄰近站名：向上五權西路口
地址：：台中市南屯區五權西路二段 929 號
電話：(04)2386-3586
時間：11:00 ～ 20:00

1. 用藝廊的概念展現餐具之美。2. 每個品牌都有獨立展間。3. 建築是由林友寒建築師所設計。4. 二樓廚房空間不時舉辦活動。5. 各種廚房小物令人愛不釋手。6. 烘焙道具也很齊全。7. 琳琅滿目的玻璃杯讓人選擇困難。8. 現代新穎款式顛覆茶道具的想像。

因為看見餐具專門店有更多可能，不僅限購物更結合學習、體驗機能，時常舉辦展覽講座及烹飪課程等，一次匯集工藝職人和料理達人，跨領域的交流多角化經營的複合空間旨在將好的設計和文化帶入生活。從餐廚出發，延伸至全方位啟發人們對生活的美好想像！

取自色票概念的咖啡杯組。

可堆疊收納茶具適合單身族。

下町咖啡屋

實踐庶民美學的生活風格地

就像隱身在都市的叢林，靜靜地等在轉角給人驚喜，這間咖啡屋如同店名「下町」（したまち）日文原意的「庶民之街」，那取自日式小屋概念的外觀意象，給人自然樸實之感。不過，要你是以為那裡面會是老氣十足的榻榻米室，那可就大錯特錯了！

走進下町咖啡屋，挑高的天花板和大面窗臺創造出明亮朗的環境感，而粗獷鐵材架構的工業風吧台上方垂墜著大量植栽，不經意轉身或抬頭間，可見各式可愛的貓頭鷹藝品被巧妙裝飾在角落，使得這座城市小森林增添幾分神祕感，迅速竄升成為IG打卡新地標。這個舒服的空間提供百元以下、清爽無負擔的輕食，包括限量的玉子燒口味三明治和日式沙拉等品項，另外也有透明罐裝的現榨新鮮蔬果汁、抹茶冰淇淋等選擇。

另外，特別設計的飲品杯上，加入手繪線條勾勒出「貓繪本」圖案，簡單而精緻的呈現方式，使得平實價格卻有風格享受。無論是餐點包裝或店內裝潢，下町咖啡屋以最令人舒適的姿態喚醒我們的感官，將美好生活的定義深植人們心中，完全實現了「下町」的精神！

美味檸檬塔價格也很實惠。

還有佛卡夏三明治可選！

1. 用框架勾勒街角小屋的形象。2. 室內用老門窗製造出多重空間的趣味感。3. 大量綠色植物佈置出花園感。4. 玉子燒三明治套餐分量豐富。5. 挑高鋼架創造出舒服的空間感。

‖ 下町咖啡屋
MAP：P.171-9
鄰近站名：公益永春東七路口
地址：台中市南屯區公益路二段 612 號
電話：(04)2252-8822
時間：08:00 ～ 17:00

古研號 gu-yen house

轉角遇見迷人老時光

‖ **古研號** gu-yen house
MAP：P.171-10
鄰近站名：干城三站
地址：台中市南屯區干城街 282 號
電話：0975-049-180
時間：10:00 ～ 20:00

1. 大樹下的老屋冰淇淋店獨有種悠閒氛圍。2. 老屋空間充滿懷舊感。3. 古色古香的長廊完全看不出改造前是鐵皮加蓋！4. 小店還提供私房民宿。

除了冰品，甜點也是相當推薦！

位在住宅區轉角的房子，昔日是被大量加蓋的普通模樣，而今那古老的立面與鐵皮棚架經過巧思改裝，加入了障子拉門、乾燥花束等元素，變身成為一棟具有日式風情的小屋，成為隱藏城市角落不經意發現的驚喜。

有著復古名字的古研號，最初是一間冰淇淋甜點小舖。老闆在小小的一樓加蓋空間販售自製手作蛋糕與鹹派，像是越莓生起司、**Oreo**巧克力香蕉生起司等，而小店最引以為傲的夏季甜品，就是各式各樣季節限定口味的日式冰淇淋，總是吸引人們買上一支，可一邊散步一邊舔食，同時細細體驗散步的美好。

從甜品小店出發，日前古研號又陸續整修二樓以上的內部空間，另外開設了「溫叨旅宿」。溫叨旅宿精心保留了老屋充滿歷史痕跡的磚牆結構，迷人的古老風情讓人像是重回童年，而晨起透過窗戶欣賞住宅區風景，也彷彿當了一日在地人。

小麥菓子 Komugi

給身體 100 種好感的戚風小店

‖ 小麥菓子 Komugi
MAP：P.171-11
鄰近站名：警察電台
地址：台中市南屯區懷德街 59 巷 6 號
電話：(04)2255-2933
時間：13:00 ～ 20:00，週一及週二休

招牌抹茶戚風蛋糕

鹽檸檬磅蛋糕

南瓜起司馬芬

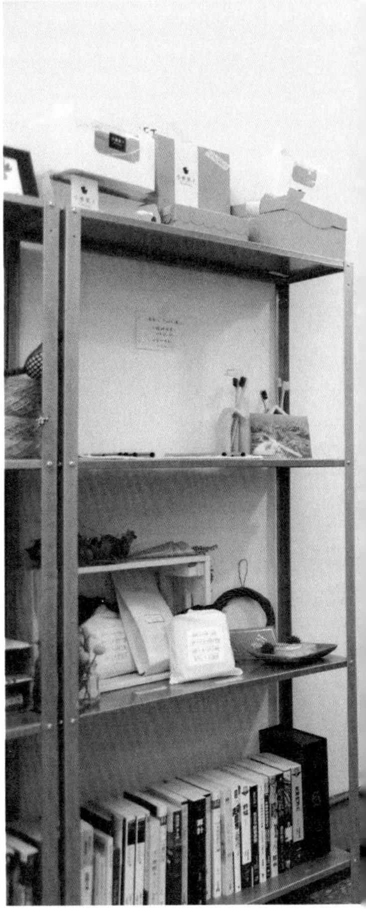

1. 用老櫃子陳列蛋糕格外有種溫暖感。2. 坐在老屋裡吃蛋糕，就像在家一樣輕鬆。3. 角落櫃子販售雜貨商品，也可瀏覽欣賞。

開在黎明新村裡的小麥菓子，是一家日式燒菓子專賣。老眷舍輕裝整修的外觀，刷白與房子的鵝黃色相襯，就著住家格局來營業，是個簡簡單單吃甜食的好地方。

小麥菓子是由兩位女生何季純與小麥（佐山真衣）共同經營，一位專司咖啡，一位則熱愛甜點，而兩人理念一拍即合，因此決定共同創業。小麥是天生喜愛烘焙的女孩，在日本生活的時候就經常做甜點給家人吃，所打下的甜點基礎當然建立在自然無添加的標準上，而她在小店展現自家烘焙的成果，更是秉持著「不論什麼時候都可以吃」的概念來製作。「我希望人們吃甜點的時候，不論心理上或是身體上都不會感覺有壓力。」因此，她特別研發的戚風蛋糕，是使用香氣具層次的「日清特級紫羅蘭」麵粉，蛋糕體則是完全屏除植物油或鮮奶油的「無油配方」，口感極為清爽。

小店雖然每日供應品項不多，但是提供預訂的戚風蛋糕卻是寫了好幾頁菜單。「每一種都可以預訂喔。」持續投入戚風蛋糕創作的小麥說，目標是研發出一百種口味！

穀雨好學

倉敷意匠美學專門店

6 3 1
54 2

1. 古董小櫃是店主的私藏品。2. 每個角落都有可把玩的細節。3. 老家具搭配上老燈，製造出些許懷念感。4. 選品店是由老透天改造。5. 餐具選品也有看頭。6. 紙膠帶種類豐富齊全。

黎明新村距離七期不遠，但因為區域發展悠久，人口流動性不高，使得這裡保持單純的住宅社區型態，可算是鬧中取靜的都市綠洲；而穀雨好學就坐落此區的鄰街連棟透天裡，鐵花窗拼貼包覆著老建築外觀，是一家相當融入在地生活氛圍的小店。

穀雨好學的創辦人王惠怡夫婦投身醫療產業多年，他們觀察到現代人身心失衡導致疾病問題越來越嚴重，因此希望透過身心靈美學推廣，提醒人們建立良好的生活方式。穀雨好學希望從心靈美學到生活美學的經營，在兩個樓層的經營空間中，樓上規劃為活動教室，定期有專業老師開辦瑜珈、太極、禪繞畫等課程，而樓下商鋪空間則規劃為日本生活文房具品牌「倉敷意匠」專門店。

王惠怡表示特別喜愛倉敷意匠的許多文具商品，像是手帳本、紙膠帶、信紙等，有不少是與手工藝職人或工坊合作，「風格都非常細緻獨到，令人想收藏。」她說。選一本喜愛的手帳，日日書寫記錄生活點滴，那過程也是一種抒發，可為生活帶來療癒效果。

日本工匠設計的畫具箱。

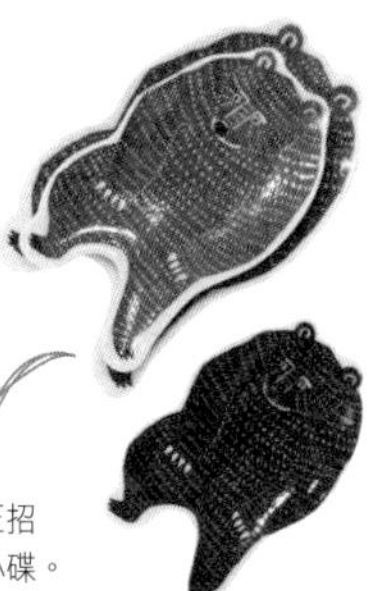

倉敷意匠招牌熊形小碟。

人偶圖案的紙品是限量商品。

|| 穀雨好學
MAP：P.171-12
鄰近站名：河南市政南二路口
地址：台中市南屯區市政南二路 170 號
電話：(04)2255-5892
時間：週二及週三及週五 13:30 ～ 20:00、週四及週六 13:30 ～ 17:30，週日及週一休

體驗好樣 VVG 法式美學

台中國家歌劇院

‖ **台中國家歌劇院**
MAP：P.171-13
鄰近站名：台中國家歌劇院
地址：台中市西屯區惠來路二段 101 號
電話：(04)2251-1777
時間：週日至週四 11:30 ～ 21:00，週五至週六及國定假日 11:30 ～ 22:00（各店營業時段請見 www.vvgplayplay.com）

由日本建築師伊東豊雄操刀設計的台中歌劇院，去年由台北「好樣VVG」團隊全面進駐，展開橫跨六個樓層的美學感染。在「涵洞」概念的流動性空間內，穿插著風格獨具的雜貨舖、咖啡店、書店、選物與餐廳等，把歌劇院化成巨大的文創遊樂園。

走進歌劇院一樓，在伏流水景與涵洞起伏的結構中，好樣在這裡打造了主題空間，包括以展售台日設計的「VVG School好樣學潮」、充滿實驗室精神的概念咖啡店「VVG Labo好樣度量衡」，並有獨立書店與台灣在地品牌。另外，在落地窗角落還特別放置一輛改造古董車，規劃了有意思的雜貨舖「VVG To Go好樣帶著走」，匯聚多元主題的場域，讓人甫踏入就感受一股新風。

除了主題多元的選物概念店之外，好樣團隊也融匯長年外燴經驗，在五樓挑高洞穴空間規劃了法式吃到飽餐廳「VVG Food Play」。走進這個不可思議的空間，白色蕾絲屏風、古董家俬、水晶燈佈置出夢幻氛圍，而古董風格的餐台上以古董磅秤、鳥籠、吊掛火腿與整塊帕瑪森起司妝點，襯托出歐洲家常料理忠於原食材的精神。此外，來到六樓的新型態的罐頭Bar，來自北歐與日本等地的特色罐頭，搭配簡單飯菜也成了特別的一餐，最適合欣賞歌劇之後，來此休憩小酌一番。

6 5 | 2 1
7 | 3
| 4

1.**VVG Food Play**顛覆吃到飽餐廳的印象。2.古典家具營造出華麗氛圍。3.巨大涵洞空間給人獨特的感受。4.日本建築師伊東豊雄設計的歌劇院。5.取餐檯設計相當優雅。6.用新鮮蔬果佈置，展現真材實料的概念。7.雖然位在室內，採光卻相當明亮。

好好（西屯店）

把森林的美好運載到城市裡

在地生產者出品的醬料。

主廚特製的厚切豬排十分美味。

2 | 1
3

1. 咖啡店出品的琺瑯杯。2. 用空間營造「城市森林」的意象。3. 牆面彩繪是台灣插畫家的作品。

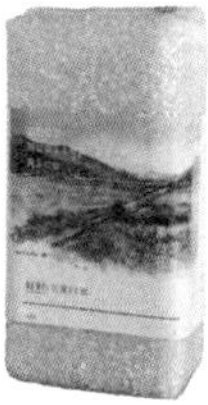

米飯也能買回家自己煮。

穿過種滿植栽的庭院，進入到木質裝潢的溫馨空間，白色磁磚打造的開放廚房現場烹煮料理，而角落沙發與書櫃裡擺放的書籍，早已準備好等待著，讓每個進入好好的人都能是空間的主人。

在這個什麼都匆忙的時代，「好好地去生活」一直是薰衣草森林想和大家分享的理念。過去，薰衣草森林所經營的空間多位在偏郊山區，而他們為了將理念就近傳達給城市人，於是率先在甲仙、台中各地成立了「好好」。好好除了供應使用在地食材烹煮的家常創意輕食，也並舉辦各種有意思的展覽，例如探索香料文化、插畫經紀、讀詩、品茶等，這間融合書屋、店舖和展覽空間的複合食堂，已成為傳達認真生活的概念小店。

在那偌大的室內裡，各處擺放台灣各地良品小物，以手工果醬、台中在地品牌的咖啡豆、以及樸拙的木器與創意盆栽，好好聚集了許多具有「共好」理念的在地品牌。與其說好好是一間食堂，更不如說這是一個推廣友善土地與美好生活的平台。

‖ 好好（西屯店）
MAP：P.171-14
鄰近站名：西屯區公所
地址：台中市西屯區朝富路 232 號
電話：(04)2258-0196
時間：08:00 ～ 21:00

把森林的美好運載到城市裡

Ivette Café

連盆栽擺飾都十分用心。

造型特殊的廚房道具，令人玩起猜猜看的遊戲。

|| Ivette Café
MAP：P.171-15
鄰近站名：西屯區公所
地址：台中市西屯區朝富路 120 號
電話：(04)2254-5411
時間：08:30 ～ 17:00

甫開幕就引起轟動的 Ivette，是台中少數走高端風格的 Brunch Café。由年輕創辦者 Ivette 與 Roger 夫妻所呈現的餐食，精心擺放在鑄鐵鍋、木砧板等餐具，配上葡萄牙 Cutipol 品牌的高檔餐具，一頓簡單的早午餐瞬間提升不少，滿足味蕾的同時，也餵飽了一天所需的美感維他命。

Ivette 與 Roger 兩人曾經在澳洲生活一段時間，他們兩人愛上了當地的早午餐文化，在踏遍各大城市的咖啡館之後，決定將這樣美好的味蕾記憶複製到台灣，開設了這間咖啡館。Ivette Café 裡頭有許多經典菜色，像是蘋果夾心法式吐司、綜合莓果起司熱鬆餅、焦糖香蕉培根法式吐司、早晨手作牛肉漢堡等，不少都是取自澳洲咖啡館的經典料理組合，這些在 Ivette 與 Roger 的詮釋下，展現出美感與美味兼具的質地。

近來 Ivette Café 重新改裝二樓空間，開了一間店中店「select ivette」。除了販售店內所用的好質感餐具之外，select ivette 也有兩夫妻的品味選物，像是澳洲居家工藝品牌 Lightly 的剪子、泥好製所的花器、ABOVTIME 香氛蠟燭等。

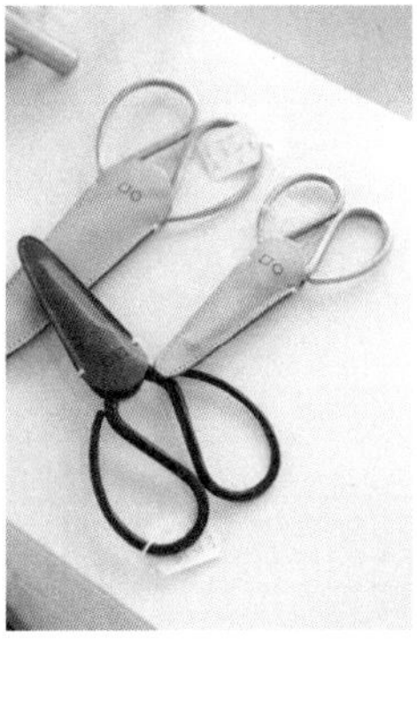

4 3 | 2
65 | 1

1. 二樓新開選品店。2. 藍綠色的浪漫色彩十分吸引女性。3. 玻璃屋包廂可沐浴溫暖的陽光。4. 進門即見餐檯展示食材。5. 連一把剪刀也可以美得不要不要的。6. 店內所用餐具喜歡通通可以買喔！

Recycleleathercraft

專為輕量生活而設計

逢甲夜市幾乎可以說是外地人造訪台中的第一站，但如果你企圖在熱鬧擁擠的商業區裡尋找一絲寧靜，走幾步路來到 Recycleleathercraft，也許能獲得不少沉澱。

Recycleleathercraft 嚴格說來不算一間店鋪，這裡是由皮革工藝師 Remi 的工作室，但只要預約就可以入內參觀，在愜意輕鬆的氣氛下，與充滿手感的皮革度過美好的時光。仔細欣賞 Remi 的作品，小從鑰匙圈、零錢包、名片夾，到大件的手袋皮包，簡潔俐落的剪裁特別突顯皮革的質地，無論男性女性都會深受吸引。

其實，在那袋包的設計底下，還藏有不為人知的用心。試著提背看看，發現 Remi 設計的皮革袋包意外輕巧，一點也沒有皮革袋包給人的沉重印象。耐看、氣質、輕量，是 Recycleleathercraft 最為強調的製革精神。Remi 表示：「那是因為重新調整了結構，使皮包可以達到輕量化的效果。」

在一個個氣質優雅的郵差包、醫生包……裡，可看到 Remi 從台北來到台中創業，在這小小的空間裡進行實驗，而他也透過市集與網路平台傳遞品牌概念，使得這間隱藏小店成了國外旅人口碑相傳的尋革處。

角落佈置也充滿美感。

|| Recycleleathercraft
MAP：P.171-16
鄰近站名：至善國中（青海路）
地址：台中市西屯區至善路 65 巷 12 號
電話：0925-730-820
時間：週三至週六 16:00 ～ 20:00

雖是皮革袋，
卻意外輕巧。

俐落卻充滿設計
的剪裁。

2 1
54 3

1. 沒想到逢甲夜市旁也有這樣的氣質小店。2. 小店主要接待訂製，客人可在大桌上討論想法。3. 可以百變使用的皮編繩。4. 保養皮革專用的棕毛刷。5. 有趣的零錢包。

來上一堂手作課！

從學校畢業之後，你有多少時間沒有玩創意了？輕鬆無壓力的單堂體驗課程，是台中最新流行的休閒活動！由Vision Art 弍學植務所、酷奇小象所企劃的花藝、繪畫、金工、皮革等各種手作活動，讓人可以在休閒之餘，也能培養新興趣或新技能。

來到這裡，你會發現慢度悠閒的中部時光，除了逛街或泡咖啡館之外，原來還有別種選擇！

被綠意包圍的櫥窗，原本是一家髮廊。

小店也有盆栽小品可直接購買。

快來預約一個美好的花藝午後。

弍學植務所

以花藝佐一場美麗午茶時光

近年來，花藝已成為一股新興風尚，除了坊間花藝禮品店越來越多，也有不少開班授課，讓喜愛捻花惹草的人們可有學習管道。除了正統花藝課之外，不少單位也推出為期數天的短期教學，而在台中的弍學植務所則是提供一頓早餐或是一頓下午茶時光的花藝體驗，讓人可在短短時間內獲得花兒的療癒。

天花板懸掛著各式花材，令人眼花繚亂。

開在街角的弍學植務所，被植物包圍的玻璃櫥窗，就好像是微型的溫室花園。這個有趣的空間是兩位大男生智明與小朱所創立，他們雖是學習建築學系與都市計劃學系出身，但因為對花藝充滿了熱愛，在偶然情況下從擺攤開始了他們的植務事業，直到不久前才有實體空間可供人們造訪。弍學植務所主要推廣乾燥花與人造花材應用，並且提供鮮花花藝設計服務；他們為了讓花藝更加貼近生活，規劃了許多體驗活動與專業課程。

「將花藝與飲食結合主要是我們想讓體驗可以更加輕鬆愉快地進行，打破花藝給人的嚴肅印象。」智明說，弍學植務所在課程設計上主要以「建立邏輯」為出發，「我們不要求一定要使用哪一種花材或器具，而是著重於觀念的建立，希望學員掌握了關鍵之後，就能在日常生活靈活應用。」

綁一束漂亮花束也能輕鬆學會。

弍學植務所

Map: P.039

鄰近站名：美村向上路口

地址：台中市西區向上南路一段 33 號

電話：0927-567-725

時間：10:00～18:00，週三休（體驗活動須預約）

Vision Art
找回小時候愛塗鴉的熱情

重新感受單純畫畫的快樂吧！

黃色大門非常醒目。

在台中經營已有數年的 Vision Art，主要提供壓克力繪畫體驗空間，去年自西區遷移到中區之後擴大經營，兩個樓層寬敞的教室空間，加上齊全畫具與顏料等設備，讓人們可以更加隨興跳入創作，只要有時間，即使空手而來，也一樣可以揮灑一番！

Vision Art 是由香港女生敏超與台灣女生雅恩共同創立，學習設計與美術的敏超表示，會想要經營這樣一個空間主要是因為她發現多數人小時候都曾經熱愛畫畫，卻在成長過程不知不覺疏離了畫筆，忘記了單純創作的樂趣。「我希望繪畫也可以成為一種休閒活動。」她說。在歐美早相當盛行的「藝術塗鴉」，將畫室結合飲料或餐點服務，打破傳統畫室的嚴肅感，成為城市人新興的紓壓活動。

敏超表示，Vision Art 以壓克力畫教學為主，主要是因為壓克力顏料的變化大、操作簡易、容易上手，是一種「容許一而再、再而三犯錯的顏料」，無論任何年齡都可以盡情揮灑。而人們在這裡，可以選擇想要繪製的圖案與畫布大小，透過小班制現場教學，通常可以在三小時內完成作品，得到相當滿足的成就感。

畫室結合餐飲，讓人們創作更紓壓。

|| Vision Art
Map: P.125
鄰近站名：台中火車站
地址：台中市中區中山路 89 號
電話：(04)2223-2979
時間：12:00～22:00，週二休

酷奇小象
讓手作成為下班後的最佳療癒

酷奇小象在台中算是相當資深的手作教學空間，兩位創辦人 Yvonne 與黃昊由策劃角度切入，從邀集師資與學員開始，引入潮流話題的手作課程，打破單一老師經營模式，使工作室成為更靈活的教學平台。

從台北移居到台中的 Yvonne，原本在華碩電腦擔任研發部專案經理，長期生活在極大的工作壓力下，為了尋找屬於適合的生活模式才來到台中。Yvonne 說：「因為黃昊具有音樂教學資格，剛開始酷奇小象是以音樂教學為主，後來為了讓等待孩子的家長也可打發時間，漸漸發展出其他手作課程。」Yvonne 觀察酷奇小象的客層年齡大多非常年輕，因此特別研究較為新奇的手作，像是金工、皮件、彩繪色鉛筆、手工蕾絲編織等，大多採無壓力的單堂體驗，使用器具簡單輕便，即便是新手都能無門檻報名。

除了體驗課程外，酷奇小象也成為老師與學員作品的展售空間，課程之餘還可欣賞他人作品，或是購買回家珍藏，成為彼此交流分享的平台。

酷奇小象是十分靈活的教學平台。

酷奇小象創意工作室
鄰近站名：美術館（美村路）
地址：台中市南區建成路 1601 號
電話：(04)2285-5936
時間：週二至週四 13:00 ～ 21:00、週五及週六 13:00 ～ 21:30
週日 13:00 ～ 18:00，週一公休

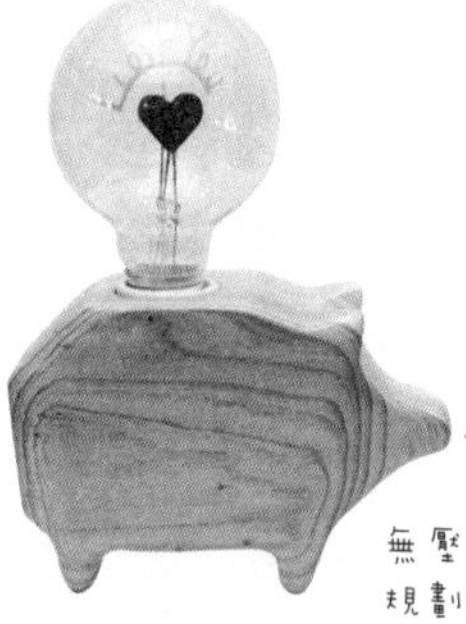

無壓力單堂課程規劃，讓新手也能開心玩。

不只是手作工作室，也是老師與學員的作品展售空間。

從策劃角度切入，引入新穎的手作課程。

自然活力！從城市到自然的慢速引渡

北區＆北屯

從北區到北屯，城市尺度由密集到寬鬆，特別能感受台中的兼容並蓄。隨著電臺街上的台中放送局重新招標，城裡受歡迎的小店紛紛「分身」進駐，為老空間注入不少正面能量。

北區因為有台中一中、台中二中、曉明女中等學區，發展出來的商圈模式更加年輕化。不過，這裡除了夜市之外，仍有像自由人藝術公寓、INO ICE、三時茶房等有趣的小店。往北屯區移動，來到台中人喜愛的大坑風景區，不同於都會區的郊野地帶，蘊藏著豐富自然資源，而有不少個性經營者開的小店就散佈在山腳聚落，親山旅行者不妨懷抱愜意心情順遊拜訪，肯定可有新的發現。

❶ **INO ICE**
❷ 三時茶房
❸ 台中放送局
❹ 自由人藝術公寓
❺ 樹合苑
❻ **HAUSINC CAFE**
❼ 茶米店 **Charming Choice**
❽ 弎六
❾ **Buka** 這一隻熊
❿ 三時冰菓店
⓫ 柴窯火腿製造所

潭子車站
昌平路三段
崇德路四段
中山路三段
復興路三段
豐興路二段
潭興路一段
甘水路二段
環中路一段
台中市洲際棒球場
豐興路一段
四張犁公園
昌平路二段
豐樂路
后庄北路
8
北品酒店
崇德路三段
松竹路三段
9
大坑圓環
10
三時冰菓店
松竹路二段
大連路
民俗公園
東山路一段
山西路二段
崇德路二段
文心路四段
北屯路
大坑情人橋
中清路一段
HAUSING CAFE
7
太原路二段
太原路三段
紫窯火腿製造所
勤美誠品綠園道
6
忠明路
11
國立自然科學博物館
新桃花源橋
植物園
梅亭街
健行路
中友百貨
進化路
東光路
新興路
台中科技大學
雙十路二段
長安路248巷
台中市屯區藝文中心
5
基督救恩之光教會
4
孔廟
西屯路一段
台灣大道一段
台中市體育場
公益路
草悟道
2
3
中山路二段
三時茶房
三民路三段
1
中山路三段
振福路
坪林森林公園
英才路
五權路
台中公園
台中教育大學
民生路
自由路三段
自由路四段
旱溪西路一段
旱溪街
環太東路
祥順路一段
勤益科技大學
INO ICE
林森路
台中車站
新平路一段
公館路
三民路一段
台中州廳
建國路
台中舊車站
自由路一段

INO ICE

品嚐進擊的車輪餅

|| INO ICE
MAP：P.209-1
MAP：P.209-1
鄰近站名：中興堂
地址：台中市北區太平路 75 巷 7 號
電話：(04)2223-5383
時間：14:00 ～ 22:00

1

1. 小店外觀充滿了日式氛圍。

色彩繽紛的紅豆餅，令人耳目一新。

位在一中街商圈巷弄的 INO ICE，是由台中餐飲名人蔡田所開設的甜品小屋，這間只有幾坪大的空間裡，僅提供圍繞著一張大桌的數個座位，卻經常可見年輕人相揪圍坐，而她們的共同目標竟是印象極為樸素的傳統甜點車輪餅。

蔡田所創的「INO」系列小店，總是結合了迷人的復古風采，而 INO ICE 除了空間風格帶有日式小店的簡樸之外，連食物都很能喚醒人們的記憶。INO ICE 以車輪餅為主題，卻提出顛覆過往的吃法，從餅皮到內餡下了許多功夫，研發出各種鹹甜車輪餅，像是米歇爾巧克力奶油、一保堂抹茶紅豆黑糖麻吉、芋頭黃金鹹蛋……創意滿點的口味變化，將想像不到的食材，例如鹹蛋、OREO 餅乾等，夾進了車輪餅裡，使傳統小食吃出新意，充滿了驚喜。

在 INO ICE 品嚐甜點之後，若想找個地方長時間歇息，後方的日式木造老屋則是由蔡田所改造的復古風咖啡館 INO FUKKO。這棟老屋據說是日治時代的仕紳家宅，古舊的空間裡加入台式普普風家具，創造出迷人的氣氛。咖啡館空間裡還隱藏了一間榻榻米包廂，那可是熟客限定的私宅旅宿喔！

三時茶房

持續進化的杏仁茶

美味杏仁茶也有外帶瓶販售。

‖ 三時茶房
MAP：P.209-2
鄰近站名：台中技術學院（台中科技大學）
地址：台中市北區太平路 107 巷 11 號
電話：(04)2225-1930
時間：13:00 ～ 21:30

如果真要探討台中文青潮店的崛起，距離一中街不遠的三時茶房，可以算得上是這一波潮流的始祖。屹立不搖至今，三時茶房陪伴無數年輕學子走過青春歲月，老闆笑著說：「我也從潮店變成了老店了。」

三時茶房創立於太平街巷弄裡，由一棟座落在畸零地的窄小透天改造而成，鮮豔的湖水綠色牆面配上橘紅色招牌，形象十分鮮明。走創意小店形象的三時茶房，最初的精神卻是恢復傳統食物風味。老闆希望尋回杏仁茶的天然原味，從自行採購杏仁原粒，一步一步研磨製漿，做出滋味溫醇、沒有刺鼻香氣的杏仁茶。從單純的信念出發，三時茶房搭上了重視天然的食潮，迅速獲得年輕族群的支持。

開店超過十年後，三時茶房陸續研發冷熱杏仁茶、杏仁豆腐等，近來陸續在北屯開設三時冰菓室、在審計新村開設三時福利社，把杏仁茶與刨冰、手持冰品結合。老字號不停止腳步持續進化，努力讓傳統甜湯與時俱進，用年輕的語言與世代分享交流。

1
2
3

1. 老屋改造的杏仁茶店在街角溫暖問候著。**2.** 綠色與橘色相映，透出年輕朝氣。**3.** 小店供應杏仁茶搭配油條經典吃法。

台中放送局

古蹟裡的文創發聲

‖ 台中放送局
MAP：P.209-3
鄰近站名：台灣體育運動大學／台中一中
地址：台中市北區電臺街 1 號
電話：(04)2220-3108
時間：10:00 ～ 18:00，週一及國定假日休

5 3 4 | 1 2

1. 戶外座席的設計相當有趣。
2. 台中放送局興建於昭和時期。
3. 不定期舉辦展覽。**4+5.** 文創小舖販售各種台灣設計商品。

一台老式收音機曾伴隨多少人的生活片刻？台灣的廣播放送最早追溯至日治時期，昭和期間興建的台中放送局即是台灣第三座廣播所，極富特色的建築伴有美麗的日式庭園造景，大量不同樣式的木窗和二樓陽台紋飾也是整體建築的亮點。

近來，台中放送局由@STUDIO團隊接手經營，結合手作坊、展覽空間、市集和學創講堂等多元功能，使這個老建築轉型成為文創中心。在建築的一樓，左右兩側空間分別規劃為餐飲空間與文創小舖，餐飲空間是由春丸餐包與Artqpie佔空間團隊共同設計，書架展覽選書可自由取閱，並不時推出微型展覽，相當有意思。而文創小舖內則展售不少台灣創作商品，像是千度琉璃工作室的琉璃工藝、琺瑯藝術街的琺瑯餐具等。

細細品味台中放送局這近百年的古蹟，保存完好的和洋風建築具有許多美麗的細節：石燈籠、火頭磚和BCC窗台紋飾等；而館內典藏許多廣播文物，如舊時收音機、陽春的廣播音控臺等，那一景一物都在細訴著歷史。藉由老洋房的建築、電台歷史與文化創意交會，使美學更貼近土地和群眾，激盪人們對生活的美好想像！

自由人藝術公寓

野生藝術家的棲息地

ITS 它的食驗室的甜點創作。

‖ 自由人藝術公寓
MAP：P.209-4
鄰近站名：五權學士路口／一心市場
地址：台中市北區五權路 594 號
電話：0987-444-957
時間：13:00 ～ 21:00，週一及週二公休

公寓二樓為主要展覽空間。

在黑白切、107 Gallery、Z 書房之後，自由人公寓算是台中較年輕的藝術替代空間，這裡以「公寓」為名，全棟五個樓層棲息了不同工作者，有烘焙實驗室、藝術家駐村、藝廊空間、設計公司與刺青工作室，那場域匯聚高度創作能量，充滿了實驗精神。

自由人藝術公寓是由數位來自不同領域的創作者所經營，主要經營者 Andy（顏寧志）本身為跨領域藝術家，希冀在官方美術館或商業畫廊之外，為台中創作者提供具有各種機能的新型態空間，因而投入創辦替代空間。自由人藝術公寓有別於傳統畫廊，除了進行策展與借展場地之外，並提供國內外藝術工作者生活創作的駐村機能，希望將藝廊結合住所匯集多方創意。

來自由人藝術公寓除了看展之外，在一樓則有 The Cave 洞穴咖啡提供休憩空間，而頂樓為表演與活動場地「陸地 lùdì x Café Mambo 漫波」，是不少藝術家下班後小酌交流的地方。另外，隱藏在二樓「ITS 它的食驗室」則是一間很有趣的甜點工作室，獨特的台法混磅蛋糕，例如菜脯起司羅勒、枸杞核桃布朗尼等，在這裡，連食物都充滿了顛覆性！

4 2 3 5 1

1. 公寓二樓的 **ITS** 它的食驗室。**2**. 外觀十分低調隱密。**3**. 食驗室用烹飪器具佈置的創意牆面。**4**. 不提供內用、只提供網路訂購的神祕蛋糕店。**5**. 公寓一樓是藝術咖啡店。

樹合苑

實踐合樸精神的美學基地

4 | 1
5 |
| 3 2

1. 二樓貨櫃屋改造為咖啡館。2. 一樓中庭可見釣蝦場的舊跡。3. 小舖販售商品提倡自然環保生活。4. 貨櫃屋改造的空間。5. 從五穀到醬料一應俱全。

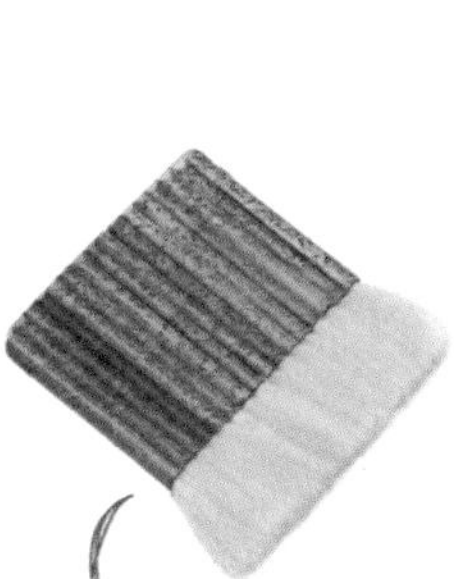

竹製排刷。

自製豆腐乳。

天然棕毛刷具。

‖ **樹合苑**

MAP：P.209-5
鄰近站名：文莊里
地址：台中市北區中清路一段 101 號
電話：0930-978-485
時間：10:00 ～ 18:00，週一及週二休（用餐假日限定）

位在加油站旁的這間鐵皮工廠，看起來就是有那麼一點點……與眾不同？細瞧，挑高的鐵棚下，有數個彩色貨櫃堆疊，裡頭似乎隱藏著幾間小店，而偌大的中庭放空成為舒服的座區，而三兩隻小貓在裡頭打滾嬉鬧，讓人也忍不住想停下來在這裡稍事歇息。

樹合苑是由合樸農學市集所營運的分享平台，早先合樸農學市集僅每月舉辦一次，而在眾多農友與消費者的反應下，希望可有定點空間提供聚會活動，而在偶然情況下，這想法獲得這間釣蝦場主人的支持，他將閒置空間慷慨貢獻出來，成為推廣友善農業的基地。在這個舊屋空間裡，合樸落實綠色建築的精神，使用八個二十呎貨櫃、二手棧板和汽車零件等進行改造，並規劃了生態廁所，以及利用原本釣蝦池的下凹空間打造出樹池書坡，展現綠色建築的創意美學。

樹合苑倡導友善消費，不僅時常舉辦體驗課程與講座，在那建築一樓有假日餐廳，供應有機豆漿、有機豆腐與豆花等小農創意料理，而二樓咖啡部落則推廣雨林咖啡，另外還有一間選品店隱身其中，販售人道飼養雞蛋、有機稻米、蔬果芽菜香菇等食材，也有天然環保的竹製清潔道具等，在這些生活小細節，就是友善精神的最佳落實。

HAUSINC CAFE

家與辦公室以外的第三場所

店內販售各式咖啡用具。

‖ HAUSINC CAFE
MAP：P.209-6
鄰近站名：忠明忠太東路口
地址：台中市北區忠太西路 39 號
電話：(04)2208-5855
時間：週二至六 09:00 ～ 18:00、週日 11:00 ～ 18:00，週一休

有句話說，空間是人的延伸。位在忠太西路的這家咖啡屋，灰色磁磚與黑色篷布、木質架構的外觀，配上頗為包浩斯建築的LOGO設計，隱約透露出經營者對於空間場域的敏銳性格。

HAUSINC CAFE是由年輕夫妻郭律廷（Lucas）與胡國媛（Ady）所創立，郭律廷原本任職於建築師事務所，從台北遷回台中工作之後，為了處理家裡閒置的房子，意外投入餐飲產業，而這間咖啡館也等於郭律廷對於建築理解的親身實踐。在這空間裡，大面開窗搭配磚牆、黑色鐵件，加上自行設計的木桌與法國單椅Nicolle Chair的搭配，混合出舒適宜人的Loft風格。郭律廷表示，咖啡館以德文「Haus」（房子）與英文「Inc」（公司的簡稱）合併自創字母為名，意思是希望可以創造一處具有家的氛圍，同時適合工作的第三場所。

在空間之外，郭律廷對於咖啡與餐點下了許多功夫，選用Mojocoffee、Cafe LuLu的特調與莊園豆款，而胡國媛也精心研發通心粉熱狗堡、半熟蜂蜜蛋糕等輕食甜點，從空間到飲食各方面皆令人滿意，是很適合窩上一天的好地方。

2
3　1
5　4

1. 建築師開的咖啡館，從外觀就能感受與眾不同。2. 精選莊園咖啡使用陶藝家作品呈現。3. 通心粉熱狗堡為老闆自慢之作。4. 誠如店名意思，這裡就是家與公司的結合。5. 開放吧台設計，客人可與咖啡師輕鬆交談。

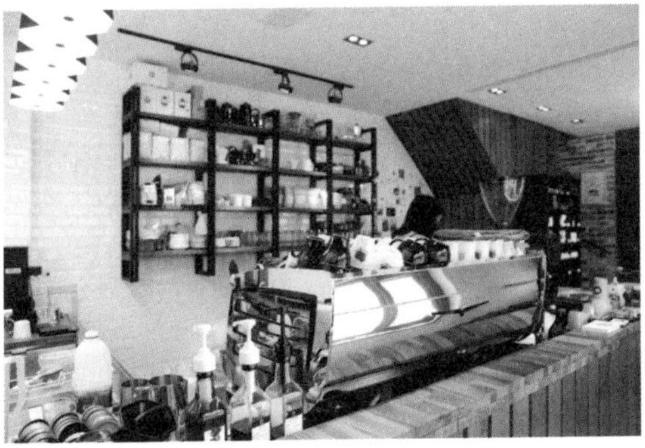

茶米店 Charming Choice

走出傳統茶的新意

自京都帶回的老茶碗，
是老闆娘的珍藏。

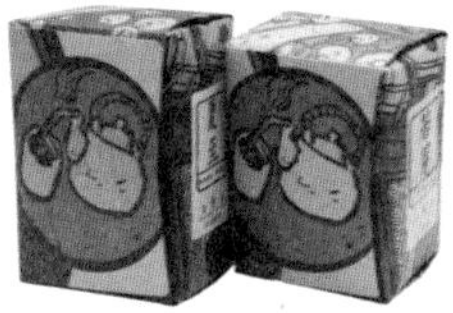

茶葉包裝是插畫家
哥哥設計。

‖ 茶米店 Charming Choice
MAP：P.209-7
鄰近站名：漢口漢陽街口
地址：台中市北區太原北路 208 號
電話：(04)2298-5006
時間：須預約

你對於喝茶的觀念還停留在老人茶嗎？對年輕人來說，茶的世界似乎有那麼一點距離，想要學習品茶卻怎麼也踏不出第一步。不過，由七年級生夫妻藍大誠與賴郁文所創的茶米店，希冀用輕鬆自在的空間氛圍，成為年輕人接觸台灣茶的最佳管道。

說起茶米店的創立，那背後有著一段故事。茶米店的創辦人藍大誠雖是出身茶葉世家，他的父親是具有「台灣茶之父」之稱的吳振鐸，可是他自小見父親勞碌奔波於工作，對於茶業工作十分不能理解，因而心生抗拒，不願接承家業。長大後，他從事電腦銷售業務工作，卻發現科技產業看來風光，但隨著時代快速汰舊換新，價值性卻越來越低；反觀父親所愛的茶業，製茶看來是門老行業，卻能更久彌新，價值依舊。

在這番體悟之後，藍大誠重新回到家鄉習茶，並與名間鄉茶園友善契作，以自然農法管理的茶園，製作出符合自己理想的清香烏龍、金萱紅茶等茶品，並通過插畫家哥哥「Blue流」所設計的包裝，讓傳統台灣茶展現出新意，吸引年輕人願意嘗試這來自土地的味道。（除了總店之外，茶米店也在台中歌劇院設有新式榻榻米座的「劇院茶屋」，供城市居民更方便享受品茗時光）

3 2
4
1

1. 茶店外觀風格清新，有別於傳統印象。**2.** 老物件妝點的角落，透出歷史傳承味道。**3.** 貨架上陳列的茶品，都是老闆精心挑選。**4.** 除了賣茶，這裡也代理不少陶藝作品。

弎六
裝盛彩虹滋味的閣樓甜點屋

3 2
4 1

1. 從祕密入口進去，就是甜點控的天堂。**2.** 小店角落販售台灣自創服飾選品。**3.** 女孩們最愛的溫馨座席區。**4.** 木質家具創造溫暖的氛圍。

∥ 弎六
MAP：P.209-8
鄰近站名：后庄七街口
地址：台中市北屯區后庄路 212 號 2 樓
電話：0966-990-060
時間：12:00 ～ 18:00，不定休

在這個住宅社區內居然有神祕的甜點店？走進尋常的住宅大樓，樓梯盡頭的露台裡，竟然隱藏了一間甜點小屋；這裡雖然位置隱密，卻是女孩們口耳相傳的夢幻甜點店。

陳思吟畢業自餐飲科系，她投入甜點創作的時間雖然不長，但靠著市集擺攤迅速累積名氣，如今利用家裡騰出的露台空間開店，讓人們有可坐下來慢慢品嚐的空間。弎六以美味絢麗的彩虹生乳酪蛋糕聞名，陳思吟笑著說：「這完全是意外之作！」她原先只想利用色彩做出分層，卻因攪拌過頭反而形成這美麗紋路。此外，陳思吟也將多樣食材融合奶香味十足的生乳酪，做出口感偏Q的OREO口味、茶香味濃厚的伯爵口味，以及滋味酸甜的覆盆子和檸檬口味乳酪蛋糕。

小店的佈置風格上，和手作甜點一樣給人清新可愛的感覺，隨處可見得乾燥花和多肉植物搭配木質桌椅和吧台，將個人甜點工作室營造出舒適自然的居家風。而形狀特殊的桌面更是活潑俏皮地增添了空間內的新意，就像角落販售的台灣設計師品牌服飾Boom Boom Kids，巧妙的結合既融洽也將格局發揮到最大值！

來店必吃的彩虹生乳酪蛋糕。

覆盆子口味也很受歡迎喔！

婚紗攝影師手造打卡勝地

Buka 這一隻熊

4 5 3 | 1 2

1. 院子裡有許多可愛的造景。**2**. 烤飯糰滋味不錯。**3**. 空間場景設計相當用心。**4**. 禮品店販售各種小熊雜貨。**5**. 這裡有著如同家一般的輕鬆愜意。

‖ Buka 這一隻熊
MAP：P.209-9
鄰近站名：崇德山西路口
地址：台中市北屯區山西路三段 161 號
電話：04-2422-2147
時間：09:00 ～ 20:00（雜貨舖）、09:00 ～ 19:00（咖啡屋），週三休

在車來車往的山西路上，這裡的區域氣氛很難與「文青」劃上聯想，而偏偏選在這裡開店的Buka，是隱身在祕密花園裡的禮品店與咖啡館空間，內部與外頭對比的浪漫氣氛，著實跌破了不少人的眼鏡。

說起Buka的創立，是由三位從事婚紗攝影工作的朋友合資而創，這空間原先是為了婚紗攝影所打造，為了提供客戶更多軟性服務，因此複合了咖啡館與禮品店。由三位創辦人所構思的小店，內部空間融鑄多種風格，有強烈工業風的咖啡館、洋溢白然氛圍的中庭水池、大量綠意包圍的花園等，因此吸引不少網紅前來拍照打卡。而除了空間體驗，小店也供應不少美味輕食，像是抹上柴魚醬油燒烤的「Q牙飯糰」，搭配杉林溪高山青茶或香醇咖啡，簡簡單單就是一分令人滿足而無負擔的下午茶。

走到花園內，可發現另一間獨立小屋，這裡則是Buka最吸引人的所在，也就是複合式經營的禮品店。在那瀰漫溫馨氣氛的歐式風格空間裡，搜羅了來自各地的商品，而選物精神全圍繞著可愛的「熊」，各式各樣造型商品相當吸睛，因此有不少喜愛卡哇伊商品的迷粉專程前來。

三時冰菓店

讓杏仁美味在夏季活躍吧！

好吃又有特色的烤鳳梨。

三時冰菓店是專賣杏仁茶的三時茶房在北屯區所開設，改造自傳統透天厝的店舖空間，由原始木料打造的販賣部猶如一間屋中屋，牆面刷上溫暖的蒸栗子色與水色，掛上一面小小的冰旗，馬上令人感受到夏季氛圍。

進化版的三時冰菓店，持續探索台灣傳統食物「杏仁」產品的可能。在這個嶄新的空間當中，老闆希望改變「杏仁茶等於冬季」的印象，使滋補養生的老派甜湯也能以另種姿態，成為美味的夏季冰品。為此，他將自製杏仁豆腐結合刨冰，參考傳統作法，研發鳳梨糖漿與鳳梨果醬等配料，推出具有季節性水果風味的冰品，像是鳳梨冰與草莓冰等。他說：「從產品設計到醬汁煮製，我們還是堅持原本三時茶房的精神，從原材料開始處理，希望讓水果可與杏仁豆腐的口味相契合。」

坐在店內品嚐新式的杏仁刨冰，那口感滑溜而散發溫醇香氣的杏仁豆腐，與酸香甜蜜的水果交融，看著空間裡舊時台灣廚房的白潔磁磚被完整保留，巧妙結合新增的裝修設計後，意外營造出既熟悉卻又創新的冰菓室氣氛，這也是三時冰菓店所要呈現的杏仁滋味吧。

1

3 2

1. 結合台、日元素的復古風格。
2. 「屋中屋」的店面設計很有巧思。
3. 小店氛圍靜謐，十分適合約會。

刨冰加入綿密的杏仁豆腐，滋味一級棒。

|| 三時冰菓店
MAP：P.209-10
鄰近站名：大坑圓環
地址：台中市北屯區東山里橫坑巷 20 號
電話：(04)2239-0530
時間：平日 12:00 ～ 21:00、假日 09:00 ～ 21:00

柴窯火腿製造所

饕客祕傳的神級漢堡店

屋後還有一座麵包窯。

‖ **柴窯火腿製造所**
MAP：P.209-11
鄰近站名：新桃花源橋
地址：台中市北屯區太原路三段 1513-1 號
電話：(04)2239-3491
時間：10:00 ～ 18:00（數量有限建議事先預約）

從台中大坑再普通不過的騎樓下發跡的柴窯火腿製造所，老闆江志輝曾是周遊列國的專業導遊，他在旅遊途中愛上了歐陸火腿之後，便一頭栽入鑽研，開啟了柴燒火腿之路。而今，他在東山路新建了一棟專業工房，那現代風玻璃屋採前店後廠規劃，並有五席座位的品嚐吧檯，每日限量供應手製漢堡，是饕客才知的尋味處！

江志輝的柴窯火腿之所以如此吸引人，主要原因是他的火腿有別於台灣人以往熟悉的「填充式火腿」，而是使用一整塊不經分切與絞肉重組的肉品製作，保留了肉的美味與口感，是「全肉式火腿」最迷人之處。

為了研究傳統柴窯煙燻製法，江志輝曾飛往義大利農場打工，學習火腿定形綁繩技巧，並使用蓮玉里鄉的櫻桃鴨、天然香草豬等優良食材，研發出無亞硝酸鹽的終極火腿。

猜猜這個特製肉品是什麼？

4 5 6　3　2　|　1

1. 這棟黑色玻璃屋內隱藏著頂級美味。**2.** 加入獨門肉醬的潛艇堡，滋味令人上癮！**3.** 層層疊疊的漢堡，分量大得嚇人。**4+5.** 各種純手工製火腿是饕客最愛。**6.** 店內僅有 **5** 席座位，超級限量。

為了提供現場品嚐，江志輝每日限定推出漢堡與潛艇堡，使用自家製窯烤麵包，結合自製火腿、培根、熟成牛肉、肉醬等，大量流淌的美味肉汁與融化的起司、層疊的生菜、墨西哥辣椒、生菜等，此等美味除了「邪惡」沒有其他詞彙可以形容！（特別提醒，小店完全現點現做，純手工煎焙料理，不耐等候者請勿輕易嘗試）

設計飯店風格入住

當全台吹起一股文創旅店風潮，台中自然也不落人後，新域區有台中建築師參與設計的台中夏日子、超吸睛的機器人飯店鵲絲旅店、而老城區則有紅點文旅、藍天飯店、新盛橋行旅掀起新話題。這些飯店不光是提供住宿，更融入城市特色、訴說人情故事、並展現高度的設計創意；人們常說，體驗一座城市的最佳方式就是住在當地，果然沒錯！

鵲絲旅店 CHASE Walker Hotel

機器人駐守的無人旅店

攝影／王士豪

大廳設計參照穀倉風格。

無人化管理設計，把價格回饋給消費者。

高科技行李機器人超炫！

房間走輕工業風，不失溫馨感。

不管是否曾經到過台中，逢甲夜市依舊是人們必訪的觀光勝點，隨著近幾年來逢甲夜市商圈擴大發展，附近區域也開了不少新的旅店或民宿，而位在福興路上的鵲絲旅店除了以獨創的設計風格聞名之外，更是國內罕見的「無人自助式」旅店！

走進鵲絲旅店，以生鏽鐵件與輕透玻璃打造的工業風格，座落在車來車往的鬧區中，鵲絲旅店所展現的俐落優雅，格外引人注目。打開大門，進入旅店大廳，以簡約輕工業風格為主軸的空間裡，局部裝飾了原木壓條與舒適的沙發座椅，略帶穀倉想像的細節，創造出舒適溫暖的印象。最特別的是，這裡並無一般常見的櫃檯，取而代之的是數台自助 Check in 觸控面板，旅人可以自行輸入訂房資訊、拍攝身分證件等，自助完成入住登記。

鵲絲旅店朝向年輕族群溝通的定位，除了以實惠價格吸引背包客族群之外，還特別導入了行李機器人，旅人可利用房卡自行操作寄放行李，以便提早抵達台中的旅人可以卸下重擔，無事一身輕地隨處走走，自在感受逢甲夜市的活力。

‖ 鵲絲旅店 CHASE Walker Hotel
Map: P.171
鄰近站名：福星西安街口
地址：台中市西屯區福星路 230 號
電話：(04)2452-5387

承億文旅
台中鳥日子
停歇小確幸的舒適鳥巢

圖片提供／承億文旅

連商務客也喜愛的客房設計。

清水模簡約風格的接待櫃台。

飯店大門展現年輕氣息。

廊道有插畫設計，是拍照打卡的好場景。

寬敞舒適的四人房，吸引家庭客群。

飯店附設餐廳，吃美食不必走遠。

遊走在精誠街巷，走出大隆路時，發現巷口這座外觀猶如鳥籠的建築，那正是由承億文旅所打造的設計旅店。台中鳥日子以崇尚自由的漂鳥為靈感，那輕鋁格柵融合灰色調的清水模，俐落的幾何線條，以簡約解放了繁複，為城市注入了新意象。

台中鳥日子所表徵的創意，從一踏入大廳就可感受到。在挑空天井的下方，旅店特別打造的雲浪書坊，可見台中新銳建築師雙人組「楓川秀雅建築室內研究室」的楊秀川與高雅楓所設計的特別書架。那書格子宛如波浪起伏，塑造出一股柔軟氛圍，旅遊散記、藝文小説、創意繪本等各類讀本吸引旅人停駐在此，藉著天光慵懶閱讀。

為了呼應「鳥日子」的主題，旅店各角落都可發現關於鳥的設計，像是懸垂的鳥巢燈、鴨腳木，而玻璃廊道上的翅膀貼畫更是旅人最愛的拍照打卡點。此外，客房設計也以各種台灣鳥類為命名，例如白文鳥、綠繡眼、畫眉鳥、孔雀、帝雉等。不同於傳統飯店一味追求誇張奢華，台中鳥日子希望傳達出「微小而確切的幸福」感受，讓旅人可以放緩節奏，體驗在台中生活的舒適愜意。

如同鳥籠設計的建築外觀。

‖ 承億文旅台中鳥日子
Map: P.039
鄰近站名：忠明國小站
地址：台中市西區忠明南路 98 號
電話：(04)2329-2266

每個房間都有不同主題。

附設健身房等設施，備感貼心。

紅點文旅
Red Dot Hotel
在旅店溜滑梯才是正經事

攝影／王士豪

大廳的溜滑梯超吸睛！

COWABUNGA！歡呼吧！走進紅點文旅，一座由藝術家張金峰所創作的金屬溜滑梯自飯店二樓騰空而降，那由102片不銹鋼板組成的結構猶如銀龍般，立刻緊緊俘虜每一個人的視線不放，而被禁錮已久的童心此時此刻就要衝出枷鎖！

擁有「溜滑梯飯店」之稱的紅點文旅，是由一九七九年開業的銀河大飯店改裝而成。老飯店在二〇一二年底轉手後，由留英建築師吳宗穎接手經營，他那融入多元文化的設計思維，善用歐洲復古元素與台灣在地工藝創作，打造出濃濃藝術風格的旅店空間。

光是大廳，由三和瓦窯火燒磚（還原燒磚）鋪成的地板，搭配藝術家張金鋒打造的「卡哇邦嘎」溜滑梯、設計師廖柏晴打造的魯班椅，以及家居設計師郭育維設計的窗落、周育潤設計的泡泡沙發等，加上設計師 Gaetano Pesce 所設計的 B&B Italia UP6 單椅、Mazda 品牌燈具、IBM 雙面古董鐘等，在眾多風格迥異的元素混搭組合之下，竟意外產生美妙的化學反應，使老空間被調理成一道前所未見的料理，讓人再次品嚐老台中的新滋味！

‖ 紅點文旅 Red Dot Hotel
Map: P.125
鄰近站名：民權中華路口
地址：台中市中區民族路 206 號
電話：(04)2229-9333

紅磚牆材質來自
台灣本地。

客房設計結合
傳統元素。

光是家具搭配就可
見強烈設計感。

精心挑選的舒適備
品，讓人一覺好眠。

大浴缸是許多人夢
寐以求的設備。

餐點設計精
緻，令人食
指大動。

1969 藍天飯店
1969Blue Sky Hotel
熔鑄時代的摩登風範

圖片提供／藍天飯店

老建築歷經歲月，
造型仍然十分優雅。

大廳挑高牆面
用老皮箱堆疊。

大膽使用老鍋爐來裝修，
粗獷與精緻高反差對比。

‖ 1969 藍天飯店 1969Blue Sky Hotel
Map: P.125
鄰近站名：台中火車站
地址：台中市中區市府路 38 號
電話：(04)2223-0577

房間窗景可眺望老城區。

早餐設計也相當精緻。

不同房型有著不同風格。

房間有許多設計細節，值得細細品味。

復古風結合工業風，創造出耳目一新的體驗。

座落在市府路轉角的1969藍天飯店，刻意頹廢的建築外觀，對比著內部璀璨的金屬構件，像絲絨盒裡的寶石，收藏著摩登時代的記憶，在沉落的夜色兀自散發光芒。

以台中車站為中心的中區，自日治時期建成火車站以來，一直到第一廣場建成之後的幾十年，將近百年時間佔據著台中最繁榮的寶座。當繁華盡落，夜總會不再歌舞昇平，影視名人不再下榻，許多大酒店不抵蕭條紛紛熄燈，而1969藍天飯店挺過時代考驗，日前由新團隊接手重修，並以沿用1969年落成原名，象徵歷史的延續。

走進1969藍天飯店，由巨大鍋爐打造的飯店櫃檯，混搭著閃亮大型水晶燈，打造出的百老匯摩登風格，讓人在此感受老飯店的新格局。而飯店大廳一座挑高直達天花板、由老行李箱堆砌而成的藝術牆面，以「封存」旅行時光的概念，揭開整棟旅店的空間序曲。客房設計上，則是以「歷史文化、經典情調、工業風格的適居性」為出發。加入藝術元素的現代空間裡，可見畢卡索風格的牛頭衣架、依照「馬約利卡」老磁磚形象設計的復古磚，以及各式造型燈具、復古五金等，冷冽而不失溫暖，大器中有細緻，浪漫瑰麗的氣息讓人重溫1969年代的美好。

■ 情報旅遊

台中巷弄日和

IG 注目店家、老眷村、獨立書店，走踏滿載夢想的文創之城

企　　劃：拔林編輯工作室
執行編輯：李佳芳
編輯助理：鄭琇尹
攝　　影：王士豪
主　　編：俞聖柔
校　　對：俞聖柔、LittleWork
封面設計：高小茲
美術設計：陳語萱

發 行 人：洪祺祥
副總編輯：洪偉傑
總 編 輯：林慧美
法律顧問：建大法律事務所
財務顧問：高威會計師事務所
出　　版：日月文化出版股份有限公司
製　　作：山岳文化
地　　址：台北市信義路三段 151 號 8 樓
電　　話：(02)2708-5509
傳　　真：(02)2708-6157
客服信箱：service@heliopolis.com.tw
網　　址：www.heliopolis.com.tw
郵撥帳號：19716071 日月文化出版股份有限公司

總 經 銷：聯合發行股份有限公司
電　　話：(02)2917-8022
傳　　真：(02)2915-7212
印　　刷：禾耕彩色印刷事業有限公司
初　　版：2017 年 9 月
定　　價：350 元
I S B N ：978-986-248-663-4

國家圖書館出版品預行編目資料

台中巷弄日和：IG 注目店家、老眷村、獨立書店，走踏滿載夢想的文創之城 / 拔林氏著 . -- 初版 . -- 臺北市：日月文化 , 2017.09
240 面；17*23 公分 . –（情報旅遊）
ISBN 978-986-248-663-4（平裝）
1. 旅遊 2. 台中市

733.9/115.6　　106011142

帶得走的「老屋顏」
灣建築上的老屋元素，
異鄉遊子心中最溫暖的記憶，
論鐵窗花、磨石子或馬賽克磁磚，
屋顏團隊一路收集、分享，
望永久典藏這份熟悉的美好。
粉絲頁
商品選購